伊丽莎白女王

[美] 雅各布·阿伯特——著　黄彩霞——译

至尊红颜与都铎王朝勃兴

中国出版集团公司
华文出版社

图书在版编目（CIP）数据

伊丽莎白女王/（美）雅各布·阿伯特（Jacob Abbott）著；黄彩霞译.—北京：华文出版社，2018.4（2019.10重印）

（美国国家图书馆珍藏名传）

ISBN 978-7-5075-4892-1

Ⅰ.①伊… Ⅱ.①雅… ②黄… Ⅲ.①伊丽莎白一世（Elizabeth Ⅰ 1533-1603）—传记 Ⅳ.①K835.617=33

中国版本图书馆CIP数据核字(2018)第078304号

伊丽莎白女王

作　　者：	[美] 雅各布·阿伯特
译　　者：	黄彩霞
选题策划：	
插图供应：	029—85504182
责任编辑：	胡慧华
出版发行：	华文出版社
社　　址：	北京市西城区广外大街305号8区2号楼
邮政编码：	100055
网　　址：	http://www.hwcbs.com.cn
电　　话：	总编室010—58336239　发行部010—58336267 责任编辑010—58336197
经　　销：	新华书店
印　　刷：	北京画中画印刷有限公司
开　　本：	880×1230　1/32
印　　张：	7.75
字　　数：	130千字
版　　次：	2018年5月第1版
印　　次：	2019年10月第2次印刷
标准书号：	ISBN 978-7-5075-4892-1
定　　价：	42.00元

版权所有　侵权必究

出版说明

《美国国家图书馆珍藏名传》共22册,作者是美国著名历史学家、教育家雅各布·阿伯特。他以独特的视角研究公元前7世纪到公元18世纪2500年的世界史,最后写出了这套影响深远的人物传记。读者能通过阅读这些风云人物,更好地理解那段历史、那段时光。这是我们出版这套书的最大良善了。为使读者更好地全面了解该丛书,现做如下说明:

一、关于版本。据不完全统计,这套丛书的英文版多达上百个。其中,以哈珀兄弟出版公司于1904年出版的版本最具代表性和权威性。本丛书正是根据该版翻译而成,以保证版本的质量。

二、关于插图。这些人物距现代已经很久远了。读者可能会问:他们长什么样子?穿什么衣服?仗是如何打的?外交是如何进行的……为了让读者更形象地了解当时的历史，我们精心为各书选配了约百幅插图。这些插图包括但不限于油画和版画。我们希望，通过品味插图的艺术之美，读者能获得一种不是穿越胜似穿越的体验，从而更好地、更直观地体察。

三、关于注释。为了确保内容的正确性、权威性，版权方进行了大量的考证工作。考证的结果以注释的形式体现。另外，内文中很多涉及地图的地方，我们尽量尊重作者，尊重历史，保存原貌，如有出入，请读者认真分辨。

四、关于译者。本丛书由多所大学的一线英语老师及教授翻译而成。各位老师治学严谨，文笔优美，为确保丛书的质量奉献良多。在此，深表敬意。

尽管出版前我们做了许多工作，但不足之处实难避免，欢迎读者朋友多提宝贵意见。

译者序

《美国国家图书馆珍藏名传》是一套畅销美国,深受美国几代人喜爱,了解世界著名帝王将帅人生大故事的丛书。这套丛书自在美国出版以来,以适读、耐读而享有盛名,脍炙人口,流传至今。丛书的作者是雅各布·阿伯特(1803—1879),美国著名的传记作家。雅各布·阿伯特出生于美国缅因州哈罗威尔。他一生独著过一百八十多部作品,与他人合著过三十一部作品,可谓多产。在这些作品中,最著名的非这套22册的《美国国家图书馆珍藏名传》丛书莫属。《伊丽莎白女王》是其中一本。

本书脉络清晰,叙事精彩,情节生动。珍妮·格雷事件、苏格兰战争、击败西班牙无敌舰队等一桩桩影响都铎王朝兴衰甚至英格兰历史走向的大事有条理、有节奏地上演，犹如一篇气象万千的史诗，犹如一阕气贯长虹的绝唱。

总之，伊丽莎白女王是都铎王朝的一代雄主。她雄才大略，文治武功。在她在位的近半个世纪，英格兰国力不断上升，文化艺术一片繁荣。现在，让我们一起品读本书，看一看一代红颜是如何走向至尊之位，如何使都铎王朝走向鼎盛的。

黄彩霞
于西北师范大学

原 序

在设计和编排这套丛书时,我就想着是否可以把它们改变为学校使用的教材。历史总体纲要经常被用作教材。如果在适当的教育阶段,学生的思想足够成熟,知识储备足够丰富,那么,在凭借此类教材学习的过程中,他们便能够理解书中所概括、浓缩的一个民族的全部历史,从而获益无穷。当然了,如果学生的思想不够成熟,知识储备也不够丰富,那么,在利用这类教材学习的时候,他们往往会去机械地记忆一些名字、日期及历史名词,这时,他们的兴趣很难被激发出来,更别说从书本中获取有益的知识、与图书进行思想的交流了。不过,如果这些对历史还不太熟悉的学生能够把他们的注意力先集中在一些相互独立的话题上,比如说这些书中相对独立的主题上,那么他们也能够受益匪浅。

通过阅读这套丛书，他们既可以全面地学习一个个君主的生平，又可以通过书中对单个事件的描述来更全面地了解事情的细节，从而把历史与现实联系起来。他们会思考从书中读到的材料，会推理书中提到的主人公的行为动机，会注意到主人公的性情变化历程。同时，他们也会注意到书中所记录的行为及其结果，分析其因果关系，思考赏罚的原因——是道德与智慧推动的呢，还是罪恶与愚蠢导致的呢？他们所阅读的都是历史上真实发生的事情，而不是虚构的内容。通过阅读，不仅可以丰富他们的历史知识，还可以提升自己的思想深度和灵魂高度。在阅读中，他们通过思考、推理，享受在历史学习中，成熟的心灵所获得的真正乐趣。这样的阅读培训能够帮助他们学会适当的阅读方法。

因此，如果把这些书改编为教材的话，学生在使用这些教材的时候，便能一直处于思考状态。我们在每章开头设立章节索引的目的是为了帮助学生的学习：这些说明性的文字既可以成为学习的主题，又可以在教师的简单设计下变成需要思考的问题。为了方便课程的划分，我们的每本书都遵循着这样的规则。

目　录

第一章　伊丽莎白女王的母亲 ·················· 001

暴君亨利八世——始乱终弃——安妮·博林——阿拉贡的凯瑟琳——合法妻子——移情别恋的亨利八世——新教——英格兰的宗教改革——第二桩婚姻——伊丽莎白出生——伊丽莎白豪华的洗礼——教父和教母——豪华阵容——举行洗礼的教堂——返程的队伍——礼物——棋子——阴云——再次移情别恋的亨利八世——无中生有的怀疑——无情的关押——伦敦塔监狱——安妮·博林疯了——两面三刀的亨利八世——不死心的安妮·博林——安妮·博林写给亨利八世的信——四个"共犯"——不正式的审判——安妮·博林的审判——断头台——安妮·博林最后的抗议——短暂的疼痛——观刑之人——结束一切痛苦——奇特的现象——王后的棺木——安妮·博林草率的葬礼——亨利八世盛大的婚礼——绝情的亨利八世——目标直指伊丽莎白公主——可怜的小伊丽莎白

第二章　伊丽莎白公主的童年 ·················· 021

被抛弃的伊丽莎白公主——布莱恩夫人——布莱恩夫人的信——伊丽莎白的待遇问题——必需品匮乏——规矩与健康不可兼得——伊丽莎白的牙齿——王室公主——亨利八世的儿子爱德华出生——亨利八世"恢复"女儿

们的公主身份——亨利八世的三个孩子——大女儿玛丽——二女儿伊丽莎白——小儿子爱德华——亨利八世的安排——12年——国王与议会——一些糟糕的事情——护国公萨默塞特公爵爱德华·西摩——托马斯·西摩爵士——伊丽莎白公主的抚养权——萨默塞特公爵爱德华·西摩北征苏格兰——英格兰和苏格兰的婚约——苏格兰毁约的原因——英格兰的美好计划——权势大增的托马斯·西摩爵士——凯瑟琳·帕尔暴毙——托马斯·西摩爵士开始追求伊丽莎白公主——托马斯·西摩爵士的如意算盘——伊丽莎白公主身边的人——伊丽莎白公主的"爱情"——暗地里的追求——"旋涡"中的伊丽莎白——凯旋的萨默塞特公爵爱德华·西摩——托马斯·西摩爵士被捕——惊愕的伊丽莎白公主——托马斯·西摩爵士之死——伊丽莎白公主的考验——沉默的伊丽莎白公主——家庭教师的变更——伊丽莎白公主的情况——影响——念旧

第三章　珍妮·格雷　　041

珍妮·格雷的血统——第四王位继承人——礼节与规矩——父母对珍妮·格雷的要求与期望——珍妮·格雷的私人教师约翰·艾尔默——好学生珍妮·格雷——伊丽莎白公主的语言学习——语言老师罗杰·阿斯卡姆——罗杰·阿斯卡姆与珍妮·格雷——严厉的父母——慈祥的老师——学习与其他事情——诺森伯兰公爵约翰·达德利——诺森伯兰公爵约翰·达德利的决定——英格兰王位继承权——玛格丽特一系的王位继承权——苏格兰人的观点——联姻计划——诺森伯兰公爵约翰·达德利的引导——爱德华六世的考虑——爱德华六世的计划——法官们不敢动笔——法官们的考虑——诺森伯兰公爵约翰·达德利的准备——法官们的赦免令——诺森伯兰公爵约翰·达德利在行动——两位公主出发前往格林尼治宫——珍妮·格雷登基——一石激起千层浪——玛丽公主获得的支持——伊丽莎白公主的选择——一败涂地的诺森伯兰公爵约翰·达德利——珍妮·格雷被关进了伦敦塔——诺森伯兰公爵约翰·达德利被以叛国罪处决——玛丽女王加冕

| 第四章 | 与西班牙的联姻 ………………………… 063 |

爱德华六世的葬礼——玛丽女王为弟弟私下举行葬礼——玛丽女王的婚姻——查理五世——腓力王子——玛丽女王窃喜——西班牙和法兰西——英格兰的新教和天主教——玛丽女王的选择——英格兰人民的反应——下议院的请求——玛丽女王解散议员——首席大臣斯蒂芬·加德纳的建议——查理五世决定让步——两国关于联姻的共识——托马斯·怀亚特叛乱——叛军向伦敦进发——玛丽女王撤回伦敦——坚固的城堡与忠诚的臣民——叛军来到泰晤士河畔——武装起来的伦敦市民——托马斯·怀亚特爵士投降——多塞特侯爵亨利·格雷被捕——珍妮·格雷被处死——多塞特侯爵亨利·格雷被送上断头台——审判托马斯·怀亚特爵士——伊丽莎白公主被捕——伊丽莎白公主的清白——绞死共犯——赦免从犯——迫不及待的玛丽女王——海军将领的来信——度日如年的玛丽女王——玛丽女王的抱怨——腓力王子的性格——腓力王子踏上英格兰的土地——盛大的婚礼——玛丽女王的憧憬——失望的玛丽女王——腓力王子返回西班牙——腓力王子的野心——腓力王子返回英格兰——玛丽女王的痛苦——玛丽女王驾崩

| 第五章 | 伊丽莎白公主的囚禁生涯 ………………………… 083 |

监禁伊丽莎白公主的地方——不能同时有效的两桩婚姻——不能同时享有的王位继承权——矛盾爆发——伊丽莎白公主离开伦敦——托马斯·怀亚特叛乱爆发——玛丽女王的信——伊丽莎白公主的回信——伊丽莎白公主的要求——"担架床"——伦敦市民的迎接——汉普顿宫的软禁——转囚伦敦塔——又惊又怒的伊丽莎白公主——写给玛丽女王的信——伦敦塔简介——叛徒之门——焦虑不安的伊丽莎白公主——伊丽莎白公主的抗议——接收罪犯的惯例——善良的伊丽莎白公主——被严格限制的一点自由——送花的小男孩——伊丽莎白公主的恐惧——伍德斯托克宫——愤怒的英格兰人——送行的民众——玛丽女王的安排——伊丽莎白公主的决定——玛丽女王的怀疑——偶尔公开露面的伊丽莎白公主——挤奶女工——大臣的诱导

第六章 | 伊丽莎白登基 ················· 101

玛丽女王的不幸——不幸的英格兰民众——宗教问题——血腥玛丽——对法宣战——加莱陷落——压垮玛丽女王的重担——姐妹关系的缓和——相互之间的拜访与探望——英格兰人民的期望——小心谨慎的伊丽莎白公主——瑞典求亲事件——反攻加莱的计划——玛丽女王突然驾崩——英格兰王位的继承人——聪明的伊丽莎白公主——亲信们的决定——上议院与下议院——拉丁赞美诗——伊丽莎白公主获知一切——感谢上帝的恩赐——伊丽莎白女王的任命——伊丽莎白女王的得力助手——前往伦敦——正式进入伦敦塔——加冕前的盛大游行——欢呼的民众——装满金子的手提袋——和蔼可亲的伊丽莎白女王——加冕典礼——英格兰王国的新娘

第七章 | 苏格兰战争 ················· 117

伊丽莎白女王和苏格兰玛丽女王——大获全胜的伊丽莎白女王——家谱中的关系与权利——双方的观点——急需用钱的亨利七世——丰厚的嫁妆——长子早逝——教皇的豁免——亨利八世的第一桩婚姻——离婚与宗教改革——第二桩婚姻——苏格兰玛丽女王的野心——不安的伊丽莎白女王——使者前往法兰西——温和的宗教改革——苏格兰的新教势力——苏格兰内战爆发——犹豫不决的伊丽莎白女王——威廉·塞西尔爵士的谏言——法兰西的使者——法兰西和苏格兰玛丽女王的抗议——双方的海上援军——苏格兰战场上的形势——翘首以盼的敌我双方——海上援军出现——欣喜若狂的法军——从天堂到地狱——《爱丁堡条约》——一项至关重要的条款——苏格兰战争结束——矛盾激化——准备返回苏格兰的苏格兰玛丽女王——苏格兰玛丽女王的请求——伊丽莎白女王的条件——暗斗不休

第八章 伊丽莎白女王的婚姻问题 ……………………… 137

　　童贞女王——一个接一个的求婚者——求婚者的真正目的——伊丽莎白女王的做法——伊丽莎白女王拒绝腓力王子——英格兰人民的不安——议会代表的请求——伊丽莎白女王病重——议会再次上谏——众说纷纭的动机——伊丽莎白女王的情夫——莱斯特伯爵罗伯特·达德利的妻子暴卒——伊丽莎白女王和苏格兰玛丽女王的关系——两位女王的"蜜月期"结束——死心的莱斯特伯爵罗伯特·达德利——莱斯特伯爵罗伯特·达德利秘密结婚——伊丽莎白女王勃然大怒——人到中年的伊丽莎白女王——最后一个追求者安茹公爵弗朗索瓦——安茹公爵弗朗索瓦的使者——伊丽莎白女王的转变——一声枪响——英格兰人民讨厌安茹公爵弗朗索瓦——《发现鸿沟》一书的作者被砍掉右手——安茹公爵弗朗索瓦来到英格兰——盛大的欢迎仪式——伊丽莎白女王的举动——英格兰人惊愕不已——法兰西人的欢庆——伊丽莎白女王反悔——气急败坏的安茹公爵弗朗索瓦——伊丽莎白女王送别安茹公爵弗朗索瓦——尘埃落定

第九章 伊丽莎白女王的多张面孔 ……………………… 157

　　自负的伊丽莎白女王——大使的谎言——得意忘形的伊丽莎白女王——大使如实回答——肖像风波——伊丽莎白女王被嫉妒支配——真诚的侍女——伊丽莎白女王棒打"鸳鸯"——苏格兰玛丽女王逃到英格兰——伊丽莎白女王软禁苏格兰玛丽女王——预防叛国罪的法律——苏格兰玛丽女王被处决——伊丽莎白女王的真实想法——自信、勇敢的伊丽莎白女王——驳船上的枪声——处变不惊的伊丽莎白女王——没什么实权的情夫——会客厅里的争吵——莱斯特伯爵罗伯特·达德利出现——膨胀的莱斯特伯爵罗伯特·达德利——鲍耶的态度与做法——勃然大怒的伊丽莎白女王——有所收敛的莱斯特伯爵罗伯特·达德利——治国之大才——英格兰"巨轮"的舵手——不断前进的英格兰

第十章 │ 西班牙无敌舰队 ·························· 169

尼德兰起义——伊丽莎白女王暗中支持——唇亡齿寒——伊丽莎白女王的决定——陆军指挥官莱斯特伯爵罗伯特·达德利——伊丽莎白女王的告诫——激动的尼德兰人民——莱斯特伯爵罗伯特·达德利被召回英格兰——海盗弗朗西斯·德雷克爵士的环球航行——"海盗天堂"——俘获运宝船——环球航行——回到英格兰——欢迎仪式——伊丽莎白女王的嘉奖——英格兰和西班牙开战——双方实力对比——商人的援助——偷袭卡迪斯——烧焦了西班牙国王的胡须——西班牙出兵——英格兰海军的集结地——伊丽莎白女王巡视大营——伊丽莎白女王的演说——弗朗西斯·德雷克爵士的胜利——规模庞大的无敌舰队——出人意料的战局——陆地上观战的人——火攻——无敌舰队残部回到西班牙

第十一章 │ 埃塞克斯伯爵罗伯特·德弗罗 ··················· 193

埃塞克斯伯爵罗伯特·德弗罗初入宫廷——伊丽莎白女王的慰藉——年轻的罗伯特·塞西尔——情夫与顾问水火不容——埃塞克斯伯爵罗伯特·德弗罗擅自行动——伊丽莎白女王对埃塞克斯伯爵罗伯特·德弗罗的感情——埃塞克斯伯爵罗伯特·德弗罗越发的专横——伊丽莎白女王的恩赐——作为护身符的戒指——爱尔兰叛乱——暴怒不已的埃塞克斯伯爵罗伯特·德弗罗——打到心里的一巴掌——收效甚微的平叛——奇特的讨好方式——任性的代价——埃塞克斯伯爵罗伯特·德弗罗患病——惊慌失措的伊丽莎白女王——埃塞克斯伯爵罗伯特·德弗罗出狱——驯服的方法——埃塞克斯伯爵罗伯特·德弗罗的叛乱计划——苏格兰国王詹姆斯六世——伊丽莎白女王的使者——叛乱爆发——明智的伦敦市民——埃塞克斯伯爵罗伯特·德弗罗投降——埃塞克斯伯爵罗伯特·德弗罗再入伦敦塔——备受煎熬的伊丽莎白女王——处决令

第十二章 伊丽莎白女王晚境凄凉 ·················· 211

  伤心的伊丽莎白女王——坚强的伊丽莎白女王——接待法兰西大使——伊丽莎白女王心神不宁——警告与恳求——联合势力——处决令——最后一根稻草——诺丁汉伯爵夫人的请求——戒指背后的故事——一发不可收拾的强烈痛苦——伊丽莎白女王的预感——每况愈下的身体——在里士满的生活——奇怪的命令——戒指的象征——离去的人——詹姆斯六世——继承人问题——最后的祈祷——伊丽莎白女王驾崩——英格兰议会的宣布——急切地赶往苏格兰的人——历史悠久的威斯敏斯特教堂——君主的陵寝——权贵的荣誉——伊丽莎白女王的纪念碑

附 录 专有名词英汉对照 ·················· 227

第一章

伊丽莎白女王的母亲

精彩看点

暴君亨利八世——始乱终弃——安妮·博林——阿拉贡的凯瑟琳——合法妻子——移情别恋的亨利八世——新教——英格兰的宗教改革——第二桩婚姻——伊丽莎白出生——伊丽莎白豪华的洗礼——教父和教母——豪华阵容——举行洗礼的教堂——返程的队伍——礼物——棋子——阴云——再次移情别恋的亨利八世——无中生有的怀疑——无情的关押——伦敦塔监狱——安妮·博林疯了——两面三刀的亨利八世——不死心的安妮·博林——安妮·博林写给亨利八世的信——四个"共犯"——不正式的审判——安妮·博林的审判——断头台——安妮·博林最后的抗议——短暂的疼痛——观刑之人——结束一切痛苦——奇特的现象——王后的棺木——安妮·博林草率的葬礼——亨利八世盛大的婚礼——绝情的亨利八世——目标直指伊丽莎白公主——可怜的小伊丽莎白

第一章　伊丽莎白女王的母亲

本书的传主伊丽莎白女王的父王是亨利八世。众所周知，亨利八世是一个没有原则、残酷无情的暴君。他一生娶过六个妻子，伊丽莎白女王是他的第二任妻子所生。按照当时的法律，为了迎娶新欢，亨利八世往往会抛弃旧爱，要么与她离婚，要么将其送上断头台。是的，没错，为了迎娶新的妻子，这个暴君曾把自己的王后送上断头台。至少，他的前五任妻子都遭遇了不同的悲剧，唯一一位善始善终且受人尊敬和爱戴的便是他的第三任妻子珍妮·西摩了。

伊丽莎白女王的亲生母亲是亨利八世的第二任妻子安妮·博林。年轻时候的安妮·博林非常漂亮。为了迎娶她，亨利八世宣布自己的第一次婚姻无效，或者说，他休了自己的第一任妻子——阿拉贡的凯瑟琳。

其实，在与亨利八世结婚前，阿拉贡的凯瑟琳便已经是亨利八世哥哥的妻子,也就是亨利八世的嫂子了。不过后来,因为哥哥的早逝等一系列原因,她又嫁给了亨利八世。因为阿拉贡的凯瑟琳是虔诚的天主教教徒,而天主教对婚姻有着严格的教规,所以,她和亨利八世的婚姻必须得到罗马教皇的特许,否则他们的婚姻便不

阿拉贡的凯瑟琳是亨利八世的第一位王后,嫁给亨利八世之前,她是威尔士王妃,即亨利八世的哥哥阿瑟的妻子。图为阿贡拉的凯瑟琳画像,约翰尼斯·克乌斯(Joannes Corvus,1512—1544)绘

第一章 伊丽莎白女王的母亲

合法。后来,罗马教皇的确批准了他们的婚姻,所以,从严格意义上来讲,阿拉贡的凯瑟琳的确是亨利八世的合法妻子。

但是后来,当阿拉贡的凯瑟琳青春不再时,当她和亨利八世一直无子时,亨利八世移情别恋了。为了抛弃

亨利八世一生先后娶过六位王后,伊丽莎白女王是他与第二位王后的女儿。图为亨利八世画像,朱斯·万·克里夫(Joos van Cleve,1485—1541)绘

第一任妻子阿拉贡的凯瑟琳，迎娶年轻漂亮的安妮·博林，亨利八世希望罗马教皇取消原来的特许，允许他和阿拉贡的凯瑟琳离婚。不过罗马教皇并不同意此事，亨利八世的努力成了徒劳。于是，为了达到自己的目的，亨利八世便脱离了天主教，在英格兰建立了独立的新教教堂，用新教至高无上的权力废除了这桩婚姻。在很大程度上，亨利八世此举开启了英格兰的宗教改革。

不过，因为安妮·博林已经有了身孕，所以，急不可耐的亨利八世根本没有等到英格兰教会废除他和阿拉贡的凯瑟琳这桩婚姻，便直接娶了安妮·博林。当时，他辩解道："因为我的第一桩婚姻本来就是无效的，所以，我根本不必等到教会废除它。"后来，当英格兰教会终于同意他和第一任妻子离婚后，他便立安妮·博林为王后——她是他的第二任王后，并为其举办了最盛大的加冕典礼。

虽然英格兰人依然同情阿拉贡的凯瑟琳，但他们还是热诚地欢迎了年轻、美丽的王后。为了庆祝国王与新王后的婚礼，整个伦敦都变成了欢乐的海洋。婚礼一结束，年轻的王后就住到了格林尼治宫。两三个月后，即1533年9月7日，小伊丽莎白出生了。

因为伊丽莎白不是男孩，所以亨利八世非常失望，不过，即便如此，伊丽莎白一出生就显得与众不同，因

亨利八世和托马斯·克兰默等人向阿拉贡的凯瑟琳宣布这桩婚姻无效。拉斯利特·约翰·波特（Laslett John Pott）绘

亨利八世迎娶安妮·博林。丹尼尔·麦克里斯（Daniel Maclise，1806—1870）绘

为整个英格兰王国都把她当作王位的第一继承人。虽然有些失望,但亨利八世依然决定为这个新生的婴儿举办一个豪华的洗礼。

按照英格兰教会的惯例,庄重的宗教洗礼仪式常常伴随着盛大的庆祝典礼。洗礼当天,对一切一无所知的小伊丽莎白被带到了教堂。为了这次豪华、庄严的洗礼,亨利八世安排了一些亲近的、有名望的朋友、绅士和女士作为婴儿的教父、教母。教徒们认为,在洗礼仪式上,教父、教母是把受洗者介绍给耶稣的引领人。未来的日子里,他们还将负责启蒙受洗者,引导受洗者虔诚地信仰基督。开始准备洗礼的时候,受洗者将来的教父、教母便开始准备与受洗者有关的各种事情,在受洗当天,他们还会通过赠送受洗者礼物来表达他们对他的关爱。

为了参加庆典,伦敦市长及其他的市政官员会乘坐装饰雅致的驳船前往格林尼治宫,而亨利八世则会和其他宫廷贵族及贵族夫人齐聚宫殿。所有人都盛装打扮,身着华丽的长袍,佩戴着与他们头衔和官职相称的徽章与饰品。一切准备就绪之后,这支盛大的队伍便会从宫殿出发,踩着马路上铺设的绿色灯芯草地毯,走向举行洗礼的教堂。

在进入教堂的时候,受洗者的某个教母抱着拖有长长裙裾、裹在紫色丝绒斗篷里的小伊丽莎白走在前面,四位高等贵族擎着富丽华贵的华盖走在小伊丽莎白的两侧，国王专门安排的另外一些高等贵族和贵族夫人托着那条裙裾。小伊丽莎白身上的裙裾是用一种非常昂贵的白色貂皮装点而成的，这种白色貂皮是英格兰权力的象征，而那些托举裙裾的人也以能从事此项工作为荣。其他人则紧随其后，手里拿着英格兰古老习俗中类似场合使用的各种牌符。

进入教堂后，人们发现，为了这一盛典，教堂内部装饰得金碧辉煌：它的墙上挂满了挂毯，中间更是立着深红色的华盖，华盖下面放着一个巨大的银质洗礼盘，洗礼盘中盛放着洗礼的圣水。洗礼仪式由英格兰教会中教职最高的坎特伯雷大主教托马斯·克兰默主持。

洗礼结束后，盛大的队伍开始返回。返程的队伍中多了四位贵族，他们仅仅跟在受洗者的身旁，手里拿着教父和教母们送给孩子的礼物：那些用纯金或纯银打造的、带有漂亮花纹的、极其昂贵的杯子和碗。虽然这些礼物都是给伊丽莎白准备的，不过，现在的伊丽莎白还不知道它们的价值，因为她还太小了。同时，恐怕她和其他人都没有意识到，这场豪华的洗礼会开启一段怎样的人生吧。

其实，小伊丽莎白这场盛大、豪华的洗礼是她的父王亨利八世增强其权势计划的一部分。之后，亨利八世

托马斯·克兰默是英格兰坎特伯雷大主教和宗教改革领袖之一,曾先后废除英王亨利八世及其数位王后的婚约。图为他的画像,格拉克·弗雷克(Gerlach Flicke)绘

首先通过国会法案，庄严地承认和确定她为王位继承人，正式授予她威尔士公主的封号。做完这些事情之后，亨利八世又开始考虑，如何"利用"伊丽莎白公主的婚事来推进他的政治谋略。于是，当伊丽莎白公主长到2岁左右的时候，亨利八世准备把她许配给法国的一个王子。但是，当时的法国国王拒绝了亨利八世的联姻要求，因此，他不得不放弃了这个借助联姻与法国结盟的计划。

虽然亨利八世的联姻计划失败了，但是，作为英格兰的王位继承人，伊丽莎白公主依然是所有人关注的焦点。如果没什么意外的话，她的前景一片光明。可是，就在此时，一团乌云却慢慢袭来，遮蔽了她那"晴朗的天空"。原来，这个时候，喜新厌旧的亨利八世再次变心了，她母亲的地位也变得岌岌可危。

最开始的时候，安妮·博林只是亨利八世第一任妻子阿拉贡·凯瑟琳的一个侍女。不过，后来，亨利八世喜欢上了她，抛弃了阿拉贡的凯瑟琳。但是，当安妮·博林成为英格兰王后之后，亨利八世又喜欢上了她的侍女，年轻漂亮的珍妮·西摩。正如身为侍女的安妮·博林取代了自己的女主人阿拉贡的凯瑟琳一样，珍妮·西摩最终也取代了自己的女主人安妮·博林，成为亨利八世的第三任妻子。读者们应该还记得，当年，为了娶安妮·博林，亨利八世宣布他与阿拉贡的凯瑟琳的婚姻无效，

第一章 伊丽莎白女王的母亲

那么,现在,为了娶珍妮·西摩,他又会怎么处理安妮·博林呢?

为了迎娶新欢,亨利八世开始故意怀疑安妮·博林对他不忠。有一天,正当格林尼治公园里的骑士竞赛进行得如火如荼时,正当盛装打扮的女士和绅士们观看这一精彩的竞赛时,安妮·博林王后的手帕掉了,而那位捡到王后手帕的绅士却没有立刻把手帕还给安妮·博林王后。见此情景,亨利八世勃然大怒,或者说是假装大怒,立刻拂袖离开了王室公园。回去之后,亨利八世怀疑那位捡起王后手帕的人是她的情人,或者是她众多情人中的一个。接着,这位英格兰国王又想到了当时那位绅士的气质,他捡到手帕时的神态,以及当时的场景,不知是有意还是故意,这些全成了王后不忠的"证据"。

因为国王的突然离开,骑士竞赛在一片混乱中结束。之后,更令人不安的事情发生了。亨利八世命人前往格林尼治宫传令,将安妮·博林王后软禁在了她居住的房间里,还命一个一直与王后不和的贵族夫人看管她。安妮·博林王后虽然极度惊愕、极度悲伤,但还是庄严地宣称她是清白的。

第二天,亨利八世又命一些全副武装的护卫押解着安妮·博林出了格林尼治宫,通过驳船,把她关进了伦敦塔。伦敦塔其实是个古老、宽敞的城堡,它的旁边便是泰晤士河，它那宽大的后门更有一段台阶直通泰晤士河。驳船靠岸后，不幸的安妮·博林被押解着通过这些台阶，通过后门，进入了伦敦塔，被关进了一个阴暗的房间里。那间房间的墙壁是由石头砌成的，房间的窗户更是被坚固的铁护栏封死。与此同时，亨利八世还逮捕了其他四个人，把他们关在了距王后不远的地方。他怀疑或者假装怀疑这四个人与王后有染。

被关起来之后，可怜的安妮·博林王后恐惧而又绝望。痛苦不堪的她双膝跪地，恳求上帝的帮助，希望上帝能够证明她的清白。这样祈祷之后，她稍微平静了一些，但当她再次想起她的丈夫，想起亨利八世的专横傲慢和冷酷无情时，当她认定他这么做是为了除掉她，进而给她的对手腾出位子时，她又变得烦躁不安了。烦乱中，她突然想起了自己无助的小女儿伊丽莎白，她还不到三岁呀，但是年纪小小的她也将面临着被遗弃的风险。一想到这些，往日沉着、勇敢的安妮·博林不见了，她痛苦地倒在床上，时而悲伤地哭泣，时而歇斯底里地大笑，陷入了半疯癫状态。

为了达到目的，亨利八世先是命一些人组成了一个委员会，专门审理安妮·博林一案；同时，他又私底下命人告诉安妮·博林，让她"承认"自己的罪行，并承诺说如果她"承认"自己的罪行的话，他可以免她一死。

面对冷酷无情的亨利八世,安妮·博林有口难辩,终被关进伦敦塔。图为双膝跪地,痛苦不堪的安妮·博林。爱德华·西博(Edouard Cibot,1799—1877)绘

可是，安妮·博林并不屈服，她依然坚持说自己是清白的，并恳求能够见亨利八世一面。不过，无情的亨利八世拒绝了安妮·博林见面的请求，因此，遭到拒绝后，她便给亨利八世写了一封信。这封信被保留了下来，至今我们仍然能够读到它。从信中，我们便可以看出安妮·博林是何等的痛苦，又是何等的坚强。

在信中，安妮·博林说道：

首先，尊敬的国王陛下，我亲爱的丈夫，我非常难过，也非常困惑，你居然会怀疑我对你不忠。我真不知道该说些什么好。你也心知肚明，我根本没有做什么对不起你的事情，因此，我恳求你不要拿这种子虚乌有的、不公正的罪名污蔑我。你这样做，不仅损害我的名誉，也让我们的孩子抬不起头来，还有损你的威望。因此，我希望你能安排公正的人来审理这个案件。在审判我的时候，请务必拿出确凿的证据。我相信，到时候，清者自清，你和其他人都会明白，我受到了最不公平的指控。

第二，如果你真的想除掉我，为你的新欢空出位置的话，那么，我也无话可说。只希望上帝能够宽恕你，不要因此而增加你的罪孽。

第三，我也希望你能够放过那四位绅士。我可以向你保证，他们是完全清白、完全无辜的。如果你真的爱过我的话，我希望你能答应我这最后的请求，不要再株连无辜，增加自己的罪孽了。

最后，在署名的时候，她写下了"你最忠诚的妻子安妮·博林"。写完日期之后，她又写道："写于寂寞阴沉的伦敦塔监狱。"

在派人审讯王后安妮·博林的时候，亨利八世也命人审讯另外四个被逮捕的人。同时，他也命人私下里向他们许诺：如果你们"承认"自己的罪行的话，国王陛下将免你们一死。虽然其中三个人都坚称自己无罪，说王后是清白的，但是还是有一个人"坦白"了自己的罪行。我想，这个"坦白"自己罪行的人是想以此活命吧，但是，最终，他还是和其余三人一起被处死了。在这里，我不得不说一下，当时对这四人的审讯是非常不正式的，而且，审讯的法官是在没有任何确凿证据的情况下判他们有罪，并判处他们死刑。显而易见，要么这是亨利八世指使的，要么就是负责审理此案的人想取悦亨利八世。

后来，安妮·博林的审判也到来了。本来，像审判王后这种大事，英格兰王国中的所有贵族都应该参加的，但是，当时实际到场的贵族不足一半。后来，有人说亨利八世是故意这么做的，因为他不想那些支持安妮·博林无罪的人参加这场审判。在审判中，为了取悦国王，参与审判的所有贵族都认定王后有罪，应该接受火刑或被送上断头台。最后，亨利八世决定把安妮·博林王后送上断头台。

处决王后安妮·博林的地方被安排在了伦敦塔里。像以前处决其他人一样，负责行刑的那些人在伦敦塔的一块绿地上搭起了断头台，把斩首用的垫头木放置好，之后，再用黑布把一切都盖起来。

在行刑那天的早晨，为了再次证明自己的清白，王后安妮·博林请人叫来了伦敦塔的巡警，向他做了自己最后的抗议。最后，她说道："我的处决时间是在十二点吗？唉，我真希望早点结束啊。"

巡警告诉她："一切都会很快的，疼痛也很短暂。"

安妮·博林回应道："是啊，有人已经告诉我了，我们尊敬的国王陛下专门给我安排了技术最娴熟的刽子手，而且，我的脖子也很细。"

行刑时刻到了。安妮·博林被带到了断头台上。除了安妮·博林和行刑人员之外，断头台旁还有大约二十个人，他们都是英格兰政府以及伦敦市的官员。

正如安妮·博林所说，她的脖子很细，刽子手简单的一斧头便砍断了它，结束了安妮·博林的一切痛苦。但是，有人注意到，虽然安妮·博林的头颅已经和身体分开了，但是她的嘴唇和眼睛还是继续颤动了几秒钟。最后，当这个奇特的现象消失之后，断头台旁的所有人都松了一口气。

因为没有提前给安妮·博林王后准备棺木，所以那里的人从伦敦塔中的某个房间翻出了一个准备放置弓箭的木盒，打算拿它当这位已被处死的王后的棺木。他们先把安妮·博林的身躯放进这个棺木里，然后再把被砍掉的头颅放进去，并调整到合适的位置。之后，他们便合上了棺木，将其送到了伦敦塔的小礼拜堂安葬。所有这一切进行得是如此的迅速，如此的草率，以至于格林尼治的大钟表还没有敲响十二点钟的钟声。

第二天，亨利八世，这个冷酷无情的人，这场可怕事件的始作俑者，便与他的新欢珍妮·西摩举行了盛大的婚礼。

第三次结婚之后，亨利八世依然不准备放过安妮·博林。亨利八世虽然已经处决了安妮·博林，但是，依然不满足的他又宣布说他与安妮·博林的婚姻无效，理由则是在嫁给他之前，安妮·博林曾与另一个男人有婚约。很明显，这一切都是借口。他这么做是为了针对他和安妮·博林所生的女儿伊丽莎白公主。他想通过宣布他与安妮·博林的婚姻无效，剥夺伊丽莎白公主的王位继承权。就这样，我们可怜的伊丽莎白公主不仅失去了自己的母亲，更失去了未来。这时，她才三岁。

第二章

伊丽莎白公主的童年

精彩看点

被抛弃的伊丽莎白公主——布莱恩夫人——布莱恩夫人的信——伊丽莎白的待遇问题——必需品匮乏——规矩与健康不可兼得——伊丽莎白的牙齿——王室公主——亨利八世的儿子爱德华出生——亨利八世"恢复"女儿们的公主身份——亨利八世的三个孩子——大女儿玛丽——二女儿伊丽莎白——小儿子爱德华——亨利八世的安排——12年——国王与议会——一些糟糕的事情——护国公萨默塞特公爵爱德华·西摩——托马斯·西摩爵士——伊丽莎白公主的抚养权——萨默塞特公爵爱德华·西摩北征苏格兰——英格兰和苏格兰的婚约——苏格兰毁约的原因——英格兰的美好计划——权势大增的托马斯·西摩爵士——凯瑟琳·帕尔暴毙——托马斯·西摩爵士开始追求伊丽莎白公主——托马斯·西摩爵士的如意算盘——伊丽莎白公主身边的人——伊丽莎白公主的"爱情"——暗地里的追求——"旋涡"中的伊丽莎白——凯旋的萨默塞特公爵爱德华·西摩——托马斯·西摩爵士被捕——惊愕的伊丽莎白公主——托马斯·西摩爵士之死——伊丽莎白公主的考验——沉默的伊丽莎白公主——家庭教师的变更——伊丽莎白公主的情况——影响——念旧

第二章 伊丽莎白公主的童年

失去母亲的时候,伊丽莎白才三岁,因为各种原因,小伊丽莎白几乎被父王亨利八世抛弃了。亨利八世不仅剥夺了她的王位继承权,还将她安排到了汉斯顿,命女管家布莱恩夫人照看她。

布莱恩夫人曾经给亨利八世的某个官员写过一封信。在信中,她描述了伊丽莎白的悲惨生活,希望那个官员能给伊丽莎白提供一些必要的生活必需品。布莱恩夫人写道:

阁下:

您上次来的时候,我从您的话语中感受到了国王陛下和您对伊丽莎白公主的关心,这也是我斗胆写这封信的原因。我虽然不知道伊丽莎白公主之前的待遇如何,但也略有耳闻,因此，我想斗胆问一下，现在，她应该享受什么样的待遇。这对公主、对我、对我们这些照顾公主起居的人都很重要，因为我要根据这个情况来严格要求我自己，来精确引导伊丽莎白公主，明确要求她的男仆和女仆应该遵守什么样的规矩。

另外，阁下，我恳求您给伊丽莎白公主提供一些合适的衣服，您不知道，现在的她没有长袍、没有外裙、没有任何亚麻织品、没有罩衫、没有方头巾、没有连衣裙、没有紧身衣、没有围巾、没有儿童风帽。虽然公主想要这些东西，但因为各种限制，我已经尽可能地拒绝了公主的要求。可是，我不能再这么做了，因此，求求您了，阁下，给公主提供一些这样的生活必需品吧。

还有，谢尔顿勋爵要求伊丽莎白公主在庄园用餐。唉，阁下，您也知道，对于公主这个年龄的孩子来说，遵守这样的规矩并不合适。阁下，我向您保证，公主一直很乖，遵守各种规矩，但我害怕会损害她的健康。所以，我恳求您，阁下，让公主在她的住处用餐吧，在她的每顿饭中添加一两道适合公主吃的菜吧。

第二章 伊丽莎白公主的童年

最后，我还想向您汇报一下，公主的牙齿很痛，而且对她这个年龄段的孩子来说，她出牙的速度明显有些慢，真不忍心看公主受这样的罪呀。不过，比较幸运的是，公主的齿根植得很好，长得很齐整。

愿上帝保佑公主！

如果公主能有幸收到您的回信，我想我便知道我该怎么侍奉伊丽莎白公主了。到时候，如果国王陛下和您有什么其他要求的话，我都会照做的。

阁下，我恳求您怜悯一下伊丽莎白公主，怜悯一下我们这些侍奉她的可怜仆人吧。

从这封信中，我们可以看出伊丽莎白公主当时的困难处境，可以看到，至少有那么一段时间，她被忽略、被遗弃了。至少，她当时那种如同普通孩子一般的待遇，与她王室公主的身份极不相称。不过，虽然伊丽莎白的处境比较惨，但她依然是亨利八世的女儿，是英格兰的公主，因此，有一些人还是在关注着她。

与新妻子珍妮·西摩结婚后不到两年的时间里，亨利八世的儿子爱德华便出生了。这样一来，亨利八世便有了三个孩子，他们分别是大女儿玛丽、二女儿伊丽莎白和小儿子爱德华,不过,有段时间,亨利八世独宠儿子爱德华。

之前,为了达到自己的目的,亨利八世与第一任妻子阿拉贡的凯瑟琳离了婚,又把自己的第二任妻子安妮·

亨利八世和他的第三任妻子珍妮·西摩及他们的儿子爱德华。这张全家福画完没多久,亨利八世就娶了他的第六任妻子凯瑟琳·帕尔,绘者信息不详

第二章 伊丽莎白公主的童年

博林送上了断头台，还"抛弃"了自己的两个女儿。然而，时过境迁之后，亨利八世终于"接回"了自己的两个女儿，不仅恢复了她们王室公主的身份，还恢复了她们的王位继承权。另外，他甚至计划把伊丽莎白嫁给一个外国的王子或贵族。

1547年亨利八世驾崩时，有权继承英格兰王位的是他的三个孩子——小儿子爱德华、大女儿玛丽和二女儿伊丽莎白。

他的大女儿玛丽是他和他的第一任妻子阿拉贡的凯瑟琳所生，他驾崩时，玛丽已经31岁了。当时，因为之前的经历，依然未婚的玛丽严肃、铁石心肠。同时，因为母亲的影响，她也是一个虔诚的天主教徒。

二女儿伊丽莎白是他和第二任妻子安妮·博林所生，当时已经14岁了。虽然伊丽莎白与姐姐玛丽的遭遇相似，但与姐姐不同的是，她依然活泼、快乐。而且在信仰上，她与自己的姐姐也不同，她信仰的是新教。

小儿子爱德华是亨利八世和第三任妻子珍妮·西摩所生，他性情温顺、举止优雅、热爱学习、善于思考，非常讨人喜欢。

虽然他的三个孩子都拥有继承权，但他的小儿子爱德华才是排在第一顺位的继承人。因为亨利八世驾崩的时候爱德华才9岁，还没有成年，所以，在驾崩前，亨利八世做出了如下的安排：首先，爱德华继承英格兰王位，但国家政务要交给由王国 16 位级别最高的大臣组成的国家议会处理，年满 18 岁之后，爱德华再亲政。第二，如果爱德华驾崩的时候还没有子嗣，那么他的大女儿玛丽继承弟弟爱德华的王位；第三，如果玛丽驾崩的时候依然没有子嗣，那么，他的二女儿伊丽莎白继承姐姐的王位。

亨利八世的这个安排是完全具有法律效力的，因此，爱德华登基后，英格兰的国家议会以爱德华的名义治理

亨利八世弥留之际安排了王位继承等事宜，图为当时的场景，他近旁坐着的小男孩是爱德华六世，爱德华六世右边站的是他的舅舅托马斯·西摩，跪在地上的是当时的众位大臣，最前面头戴尖帽，身穿白衣的是大主教。该图绘者信息不详

着英格兰王国；过了7年，当爱德华驾崩之后，亨利八世的大女儿玛丽继位；玛丽作为女王执政5年。在这5年中，她也没有子嗣；最后，当玛丽驾崩之后，伊丽莎白成为英格兰的女王。从父王驾崩，到成为女王这12年中，伊丽莎白一直拥有公主头衔。在这期间，各种阴谋向她袭来，曾让她数次陷入险境。不过，幸运的是，她都一一摆脱了。

读到这里，读者们或许会认为，在决定王位的继承权时，亨利八世可以随心所欲吧。其实这种想法虽然不对，但也不能说完全错误。虽然英格兰国王的权力会受到很多限制，他颁布的决议要经过议会的同意才能生效，但亨利八世可以向议会施加压力，毫不费力地让议会通过他想颁布的任何决议和法令。据说，有那么一次，他颁布的一项法案迟迟没有被议会批准，于是，他便找来了议会中某位最有影响力的议员。议员来到之后，他命议员跪下，之后，他走上去，把手放在议员的脑袋上，开口说道："呵，议员大人，为什么我的法案还没有通过呀？"突然，他的语气变得严厉起来，直接威胁道："我再给你一天时间，明天，要么我的法案通过，要么你的脑袋搬家。"第二天，他的那项法案便通过了。

亨利八世驾崩、爱德华继位后不久，一些糟糕的事情发生了。首先,亨利八世的遗孀,他的最后一任妻子凯瑟琳·帕尔嫁给了托马斯·西摩男爵;其次,萨默塞特公爵让英格兰国王爱德华六世任命他为护国公。

凯瑟琳·帕尔是亨利八世的第六任王后,也是最后一任。亨利八世驾崩后,凯瑟琳·帕尔与托马斯·西摩结为夫妻。图为凯瑟琳·帕尔画像,威廉·斯科特(William Scrots,1537—1553)绘

第二章 伊丽莎白公主的童年

萨默塞特公爵爱德华·西摩和托马斯·西摩男爵是爱德华的母亲、亨利八世的第三任妻子珍妮·西摩王后的哥哥,因为爱屋及乌的缘故,亨利八世非常宠信他们。

珍妮·西摩是亨利八世的第三任王后,也是爱德华六世的母亲,图为她的画像。汉斯·霍尔拜因·德·扬格(Hans Holbein der Jungere,1497—1543)绘

伊丽莎白女王

前面我们说了,在驾崩之前,亨利八世为自己的儿子爱德华准备了 16 位托孤大臣,而萨默塞特公爵爱德华·西摩和托马斯·西摩男爵便是其中的两人。

萨默塞特公爵爱德华·西摩是爱德华六世的舅舅,也是后来英格兰王国的护国公,曾获得英格兰军队的最高指挥权,图为他的画像,汉斯·霍尔拜因·德·扬格(Hans Holbein der Jungere,1497—1543)绘

第二章 伊丽莎白公主的童年

可是,亨利八世驾崩之后不久,他们便觉得自己手中的权力太小了。妄图更上一层楼的他们开始施展自己的阴谋诡计。结果正如前文所述,托马斯·西摩男爵娶

托马斯·西摩是爱德华六世的舅舅,也是当时的护国公,后与亨利八世的第六位王后凯瑟琳·帕尔结婚,身份发生变化,某种程度上算是爱德华六世的父亲。图为托马斯·西摩画像,尼古拉·德尼索(Nicolas Denisot, 1515—1559)

了亨利八世的遗孀，萨默塞特公爵爱德华·西摩成了英格兰的护国公。

成为护国公之后，萨默塞特公爵爱德华·西摩几乎变成了英格兰实际上的国王。之后，他还让年轻的爱德华六世授予了自己一项特别的权力，获得了英格兰军队的最高指挥权，可以指挥英格兰所有的海军和所有的陆军。可以说，他已经站在王座的右侧，变成了王位之下的第一人。而且，年轻的爱德华六世特别信任这个舅舅，对他言听计从。

而萨默塞特公爵的弟弟托马斯·西摩男爵，亨利八世刚刚驾崩，便向国王的遗孀，他的第六任妻子凯瑟琳·帕尔求婚。之后，他们便迅速完婚了，因为他们结婚的速度实在太快了，所以人们都认为他们这个草率的婚礼于礼不合。但当事人不管这些，因为凯瑟琳·帕尔拥有两处庄园——一处在切尔西，一处在泰晤士河上游，距伦敦不远的城镇汉沃斯，所以他们经常来往于两地之间。

根据亨利八世的遗愿，伊丽莎白公主由凯瑟琳·帕尔照顾，因为她嫁给了托马斯·西摩男爵，所以托马斯·西摩男爵便拥有了伊丽莎白公主的抚养权，于是，伊丽莎白公主便住到了托马斯·西摩男爵的家里。

因为权力，萨默塞特公爵爱德华·西摩和托马斯·西

第二章 伊丽莎白公主的童年

摩男爵发生了争执。托马斯·西摩男爵非常嫉妒他的哥哥,特别想取而代之。恰在此时,萨默塞特公爵爱德华·西摩举兵北上,对苏格兰发动了战争。

原来,亨利八世还在位的时候,曾和苏格兰订下了婚约,当自己的儿子爱德华王子和苏格兰的玛丽女王双双长大成人后,他们便举行婚礼。可是后来,苏格兰又改信了天主教,所以苏格兰准备毁约。得知此事后,英格兰政府非常愤怒。本来,如果两国联姻,英格兰和苏格兰便可合二为一——或者说英格兰便可以兼并了苏格兰,但因为苏格兰的毁约,英格兰的计划便泡汤了。护国公萨默塞特公爵爱德华·西摩觉得这是一个好时机。于是,他便决定通过战争,逼迫苏格兰履行婚约,并准备借此扩大自己的权势和威望。

见哥哥离开后,留在英格兰的托马斯·西摩男爵便开始想方设法地增强自己的权力。通过操纵议会,他获得了海军大臣的职务,拥有了英格兰海军舰队的指挥权。此后,他的权势便仅次于哥哥护国公萨默塞特公爵爱德华·西摩了。

另外,就在此时,托马斯·西摩男爵的妻子、亨利八世的遗孀凯瑟琳·帕尔暴毙。人们都说是托马斯·西摩男爵毒死了凯瑟琳·帕尔,因为他想娶伊丽莎白公主为妻。虽然托马斯·西摩男爵拒不承认此事,但他的妻子去世后,他的确开始追求伊丽莎白公主。他知道,将来的某一天,伊丽莎白公主会继承英格兰的王位,因此,如果现在他成为伊丽莎白公主的丈夫,那么,将来伊丽莎白登基之后,他便能够以伊丽莎白女王的名义统治英

十三四岁的伊丽莎白已经情窦初开,对托马斯·西摩男爵产生情愫,图为她当时的花容月貌。威廉·斯科特(William Scrots,1537—1553)绘

格兰了。或许他打的就是这样的如意算盘吧。

伊丽莎白公主身边有两个比较重要的人,一个是她的家庭女教师艾希莉女士,另一个是负责财务的托马斯·帕里。为了达到自己的目的,托马斯·西摩男爵专门拉拢他们,想通过他们多多接触伊丽莎白公主,让她下嫁给他。

后来,人们推测,伊丽莎白公主可能真的喜欢上了托马斯·西摩男爵,愿意成为他的妻子。其实这也没什么奇怪的,虽然托马斯·西摩男爵比她年长很多,但在面对伊丽莎白时,他其实是一个和蔼可亲、有修养、有学问的人。而且长期以来,伊丽莎白公主一直被他的父王忽略,所以她对这么一个关心、爱护她的男人产生爱慕之情,也是很正常的事情。

当然了,托马斯·西摩男爵对伊丽莎白的追求在暗地里进行,因为如果他明目张胆地这么做的话,他的政敌可以指控他准备反叛爱德华六世,拥立伊丽莎白公主为女王。为了自己的安全,也为了达到自己的目的,他当然要秘密地进行此事了。从某种程度上来说,托马斯·西摩男爵真的背叛了爱德华六世,从某种意义上来说,伊丽莎白公主也的确卷入了这个"阴谋"之中。当然了,我们很难确定,她是否真的参与了这个计划,不能确定她是主动参与的,还是被动卷入的。

但后来，护国公萨默塞特公爵爱德华·西摩从苏格兰凯旋了，得胜归来之后，萨默塞特公爵爱德华·西摩很快便获悉了托马斯·西摩男爵的计划。于是，他立刻命人逮捕了托马斯·西摩男爵，将他送进了伦敦塔。得知此事时，伊丽莎白公主惊愕不已。

对托马斯·西摩男爵的审讯是仓促而且不符合正常流程的。虽然托马斯·西摩男爵要求公正、合理的审判，要求与证人当庭对质，但审判他的议员们不仅没有满足他的要求，还操纵议会，迅速通过了针对他的剥夺公民权法案，并根据此法案判处他死刑。他的哥哥护国公萨默塞特公爵爱德华·西摩签署了处决他的授权令，最后，在伦敦塔的塔山上，托马斯·西摩男爵被送上了断头台。

在做这些事情的同时，萨默塞特公爵爱德华·西摩还派了两个人去找伊丽莎白公主，说是想从她那里了解一些情况。当那两个人出现在伊丽莎白公主居所的大门口时，她身边负责管理财务的托马斯·帕里惊慌失措，他觉得自己就要完蛋了。因此，当那两个人进来之后，他便回到了自己的房间，扯下了脖子上的项链，取下了手上的戒指，绝望地等死。

那两个人来到伊丽莎白公主面前后，为了恐吓她，他们便说托马斯·西摩男爵已经被处决了，他们还准备把艾希莉女士和托马斯·帕里送进监狱。听到这些话，

第二章 伊丽莎白公主的童年

伊丽莎白公主异常震惊，痛哭不已，过了一会儿，她才恢复了平静。然后，她便开口说道："你们想让我说什么，或者说护国公萨默塞特公爵爱德华·西摩想让我说什么？"

那两个人根本不敢正面回答这个问题，而是一直催促她坦白之前所发生了一切，还说无论她做了什么，罪责都会归咎于其他人。但是伊丽莎白公主什么都没有说，最后，那两个人明白了，他们根本无法从伊丽莎白公主口中套出什么。他们虽然确定伊丽莎白公主确实有罪，而且从她的神情和反应上推测，她之所以保持沉默，是因为她不想背叛自己所爱的人。回去之后，他们向护国公萨默塞特公爵爱德华·西摩汇报道："除非是您或者国王陛下亲自去找伊丽莎白公主，否则没有人能从她那里获得任何信息。"

之后，护国公萨默塞特公爵爱德华·西摩便将伊丽莎白公主的家庭教师艾希莉女士调走了，理由是她没有教育好伊丽莎白公主。然后，萨默塞特公爵爱德华·西摩派蒂里特夫人接替了艾希莉女士的职务，不过，她的任务不是教育、照料伊丽莎白公主，而是监督她。

蒂里特夫人汇报道："首先，伊丽莎白公主非常依恋她之前的家庭教师艾希莉女士，当她被调走之后，她哭了整整一个晚上。第二天，她的情绪也很低落。

第二，即使过去了这么长时间，公主依然十分想念艾希莉女士，还经常说她根本没有做错什么，为什么要被调走。第三，在公主面前，任何人都不能说托马斯·西摩男爵的坏话，如果谁这么说了的话，忍无可忍的公主会和他辩论到底。"

现在，我们已经无法得到伊丽莎白公主究竟对托马斯·西摩男爵怀有怎样的情愫了，但有一点是毫无疑问的，那就是对伊丽莎白公主来说，这件事太残酷了。要知道，当时公主才十四五岁啊！接下来的几年，伊丽莎白公主一直过着低调的、近乎隐居般的生活。

另外，伊丽莎白公主一直记得自己身边的人——她的家庭教师艾希莉女士和负责财务的托马斯·帕里。多年以后，当她正式继承了英格兰的王位之后，她给了他们诸多照顾。

第三章

珍妮·格雷

精彩看点

珍妮·格雷的血统——第四王位继承人——礼节与规矩——父母对珍妮·格雷的要求与期望——珍妮·格雷的私人教师约翰·艾尔默——好学生珍妮·格雷——伊丽莎白公主的语言学习——语言老师罗杰·阿斯卡姆——罗杰·阿斯卡姆与珍妮·格雷——严厉的父母——慈祥的老师——学习与其他事情——诺森伯兰公爵约翰·达德利——诺森伯兰公爵约翰·达德利的决定——英格兰王位继承权——玛格丽特一系的王位继承权——苏格兰人的观点——联姻计划——诺森伯兰公爵约翰·达德利的引导——爱德华六世的考虑——爱德华六世的计划——法官们不敢动笔——法官们的考虑——诺森伯兰公爵约翰·达德利的准备——法官们的赦免令——诺森伯兰公爵约翰·达德利在行动——两位公主出发前往格林尼治宫——珍妮·格雷登基——一石激起千层浪——玛丽公主获得的支持——伊丽莎白公主的选择——一败涂地的诺森伯兰公爵约翰·达德利——珍妮·格雷被关进了伦敦塔——诺森伯兰公爵约翰·达德利被以叛国罪处决——玛丽女王加冕

第三章 珍妮·格雷

珍妮·格雷是伊丽莎白公主小时候的伙伴和玩伴，她比伊丽莎白公主小四岁，性情温婉、人见人爱，很小的时候就显出了聪慧、过人的天资。她的父亲是多塞特侯爵亨利·格雷，母亲多塞特侯爵夫人弗朗西丝·布兰登是亨利八世妹妹的女儿。虽然多塞特侯爵的头衔来自英格兰西南海岸的多塞特郡，但他们一家居住在莱斯特郡布劳德盖特庄园里，这个地方可是英格兰的中心。多塞特侯爵亨利·格雷夫妇为自己的女儿感到骄傲，他们非常看重女儿身上亨利七世的血统，因为这使她有可能在某一天继承英格兰的王位。而且亨利八世在驾崩前，也的确立下了遗嘱，把珍妮·格雷安排为第四王位继承人，仅仅排在他自己的子女——小儿子爱德华、大女儿玛丽和二女儿伊丽莎白之后。这样一来，可能成为英格兰女王的珍妮·格雷也备受关注，她几乎是在宫廷长大的，和两个公主——玛丽公主和伊丽莎白公主——接受着同样的教育。

如同那些有抱负，希望通过努力飞黄腾达的人一样，多塞特侯爵亨利·格雷夫妇对自己的行为举止严格要求，注重礼仪，拘泥细节。纵观历史，我们便会发现，历朝历代，各个国家，长期位居要职者总是轻松自在、不拘小节，而那些刚刚从较低职位晋升的人，或者渴望提高自己地位、身份的人，则成了规矩和礼节的奴隶。因为对自己的女儿寄予厚望，所以多塞特侯爵亨利·格雷夫

多塞特侯爵亨利·格雷夫妇是都铎王朝时期的贵族，也是珍妮·格雷的父母，图为夫妇二人的画像，汉斯·埃沃斯（Hans Eworth，1520—1574）绘

妇对珍妮·格雷的要求非常严格，不仅给她制定了上千条令人讨厌的规矩，更是一刻不停地监督着她。他们的约束和监督压制了孩子的童趣，磨损了孩子天生的灵性，限制了她发自内心的欢乐。

不过幸好，珍妮·格雷有一个好的家庭教师——约翰·艾尔默。他学识渊博，善良儒雅，对自己的学生特

约翰·艾尔默（John Aylmer，1521—1594），英格兰主教，立宪主义者，希腊学者，是珍妮·格雷的家庭教师。图为他的画像，绘者信息不详

别慈祥。其实，珍妮·格雷的父亲多塞特侯爵亨利·格雷与约翰·艾尔默相识时，约翰·艾尔默还年轻，但是那个时候，多塞特侯爵亨利·格雷便与约翰·艾尔默约定，约翰·艾尔默完成学业后，必须住到侯爵家里，做孩子们的牧师和家庭教师。后来约翰·艾尔默功成名就，成了伦敦主教，在伊丽莎白女王统治时期，更是担任着国家的许多要职。

再说珍妮·格雷，她非常尊敬、崇拜自己的老师，凡是老师所教授的知识，以及老师所安排的学习任务，她都能很快地融会贯通。那个时候的欧洲，拉丁语和其他主要国家的语言是贵族们的必修课程之一：为了和教皇交流，虔诚的欧洲贵族们必须学会拉丁语；因为欧洲王室不断相互联姻，因此，为了交流方便，各国贵族们

正在学习的珍妮·格雷

还要学习其他主要国家的语言。珍妮·格雷也是如此，她花费大量的时间来学习语言，并很快精通拉丁语和其他主要国家的语言。

伊丽莎白公主也是一个非常优秀的学生，她能像说英语一样流利地使用法语和意大利语。更能准确地写出拉丁语、流畅地使用拉丁语与其他人交流。另外，她在希腊语的学习上也是进步惊人，既能把希腊字母写得漂亮、美观，又能使用希腊语与他人进行简单的交流，表达自己的想法。当然，据说她的某个伙伴——一名叫塞西尔的小姑娘，能够像说英语一样流利地使用希腊语。

教授伊丽莎白公主语言的老师罗杰·阿斯卡姆学识渊博、闻名遐迩。在语言学习方面，他给了伊丽莎白公主很大的帮助。而在担任伊丽莎白公主语言学习的老师时，他认识了珍妮·格雷。

某天，在从英格兰北部前往伦敦的路上，途经布劳德盖特庄园时，罗杰·阿斯卡姆准备去拜访多塞特侯爵亨利·格雷。不过，在来到庄园后，他才发现，多塞特侯爵亨利·格雷夫妇都出去打猎了，只有珍妮·格雷留在家中。去看这位小姑娘的时候，他发现她正在书房学习，正在翻阅希腊文的书籍。于是，罗杰·阿斯卡姆考了考她。之后，他惊讶地发现，珍妮·格雷虽然只有15岁，但对希腊语的掌握几乎已经达到炉火纯青的地步了。之后，他开口说道:"如果我们能够用希腊文来通信,我会非常高兴。"珍妮·格雷当即给出了肯定答复。后来,在他们的通信中,罗杰·阿斯卡姆极力称赞珍妮·格雷在语言学习上的勤奋刻苦。

然后,罗杰·阿斯卡姆又问道:"真难相信你才15岁,你是怎么做到的?"

珍妮·格雷说:"这都要感谢上帝的恩赐啊,上帝不仅给了我严厉的父母,更给了我慈祥的老师。在我的父母面前,做任何事情的时候,我都必须小心翼翼、尽善尽美:无论是说话还是不说话,无论是站立还是行走,

罗杰·阿斯卡姆的头像,
绘者信息不详

第三章 珍妮·格雷

无论是吃饭还是喝水,无论是高兴还是悲伤,无论是干活、玩耍、跳舞还是做别的事,我都必须有模有样,不能有丝毫的差错。不然的话,我的父母就会批判我,惩罚我,甚至是冷嘲热讽。当然了,为了父母的荣誉,这些我都能够忍受。而约翰·艾默尔先生就不一样了,教导我时,他很慈祥,我在面对他的时候也很轻松、很快乐。所以,有了约翰·艾默尔先生这样一位老师之后,学习对我来说是非常有诱惑力的。在跟着约翰·艾默尔先生学习的时候,我什么都不想,只是专心致志地听讲。但当他离开后,我的生活又索然无味了。对我来说,学习之外的其他事情都是烦恼的、悲伤的、痛苦的,甚至是可怕的。"

爱德华六世在世时,珍妮·格雷是他无比亲密的朋友和同伴。他在位7年,16岁时意外驾崩,根本没有达到亲政的年龄。爱德华六世在位的后期,诺森伯兰公爵是最显赫、最有影响力的大臣,至于我在前面提到过的护国公萨默塞特公爵爱德华·西摩,在此之前早就倒台了。诺森伯兰公爵叫约翰·达德利,读者们应该还记得,在伊丽莎白公主的洗礼仪式上,当公主被一个教母抱着走出教堂的时候,她的身边出现了四位手持教父教母们礼物的贵族,而诺森伯兰公爵约翰·达德利便是其中之一。诺森伯兰公爵约翰·达德利是新教教徒,因为信仰问题,所以他非常支持信仰新教的爱德华六世和珍妮·格雷。而玛丽公主信仰天主教,因为信仰的冲突,所以诺森伯兰公爵约翰·达德利对玛丽公主抱有敌意。

为了推进宗教改革,爱德华六世的政府实施了限制天主教的政策。其间,诺森伯兰公爵约翰·达德利意气风发,他觉得爱德华六世还年轻,只要爱德华六世还在位,他便大有可为。虽然亨利八世指定玛丽公主为第二王位继承人,但因为玛丽公主的年龄要比爱德华六世大很多,所以,诺森伯兰公爵约翰·达德利认为自己根本不必担心玛丽公主的威胁。

可是,人算不如天算,在位7年之后,16岁的爱德华六世突发疾病,危在旦夕。诺森伯兰公爵约翰·达德利非常震惊,他明白,一旦爱德华六世驾崩,继承英格兰王位的将是玛丽公主。到时候,他不仅会失去所有权力,而且也极有可能被成为英格兰女王的玛丽处死。最终,他决定铤而走险,阻止玛丽公主成为英格兰女王。

为了读者能够更清楚地理解诺森伯兰公爵约翰·达德利的计划的本质,我专门在下面插入了迄自伊丽莎白女王时期英格兰王室的谱系。这个谱系列出了亨利七世的直系亲属,有血缘关系的用"="号标明,他们各自结婚的对象用楷体字注明,他们的王位顺序则用名字前面的序号标注。

伊丽莎白女王时期的英格兰王室王谱

② 亨利八世
= 阿贡拉的凯瑟琳
　安妮·博林
　珍妮·西摩
　克利夫斯的安妮
　凯瑟琳·霍华德
　凯瑟琳·帕尔

=⑤ 玛丽女王
=④ 伊丽莎白女王
=③ 爱德华六世

① 亨利七世
= 玛格丽特
　苏格兰国王詹姆斯四世
　安格斯伯爵

= 玛丽
　萨福克公爵查尔斯·布兰登

= 苏格兰的詹姆斯五世
　玛格丽特·道格拉斯

= 多塞特侯爵夫人弗朗西丝·布兰登
= 埃莉诺

= 苏格兰玛丽女王
= 雷诺克斯伯爵 = 达恩利勋爵

= 苏格兰的詹姆斯六世（后人主詹姆斯一世称英王詹姆斯一世）
= 珍妮·格雷

在这个谱系图中，我列出了亨利七世的一子两女，他的儿子是亨利八世，他的两个女儿分别是玛格丽特和珍妮·格雷的外祖母玛丽。亨利八世也有一子两女三个孩子，小儿子是爱德华六世，两个女儿便是玛丽公主和伊丽莎白公主。前面我说过了，亨利八世在驾崩时留下了遗嘱，安排好了三个子女的王位继承顺序。

虽然大部分人认同了亨利八世的遗嘱，认同玛丽公主和伊丽莎白公主是爱德华六世之后的直接继任者，但像诺森伯兰**公爵约翰·达德利**这样别有用心的人不这样看。他说："回顾亨利八世的一生，我们会发现，他与阿拉贡的凯瑟琳和安妮·博林的婚姻都是无效的，既然国王陛下这两次的婚姻都是无效的，那么，阿拉贡的凯瑟琳的女儿玛丽和安妮·博林的女儿伊丽莎白就不应该拥有王位继承权。"

如果玛丽公主和伊丽莎白公主都没有资格继承英格兰王位，那么，遵照亨利八世的遗嘱，爱德华六世驾崩之后，应该继承英格兰王位的便是珍妮·格雷了。

当然了，我们能够发现，亨利八世的遗嘱中，忽略了或者说故意忽略了亨利七世的另一个女儿玛格丽特的子孙，因为玛格丽特嫁到了苏格兰，嫁给了苏格兰国王詹姆斯四世。苏格兰玛丽女王是玛格丽特一系中的代表，苏格兰人认为，爱德华六世之后，英格兰王室的合法继承人应该是苏格兰的玛丽女王。苏格兰人坚持认为亨利八世与阿拉贡的凯瑟琳和安妮·博林的婚姻都是无效的,亨利八世的遗嘱也不能赋予玛丽和伊丽莎白英格兰王位的继承权;同样,亨利八世的遗嘱更没有资格取消玛格丽特一系的王位继承权。虽然当时苏格兰玛丽女王保持了沉默,但后来,她还是提出了这样的要求,而这个要求给当时的英格兰伊丽莎白女王带来了很大的麻烦。

玛丽女王是苏格兰国王詹姆斯五世和玛格丽特王后的独生女,图为她的画像,弗朗西斯·卢克埃(Francois Clouet, 1510—1572)绘

为了达到自己的目的，诺森伯兰公爵约翰·达德利首先准备与珍妮·格雷的父亲多塞特侯爵亨利·格雷联姻——让他的儿子与珍妮·格雷结婚。为了诱使多塞特侯爵亨利·格雷答应这件事，他许诺说，等他们成为姻亲之后，他可以让国王把多塞特侯爵变为多塞特公爵。于是，多塞特侯爵亨利·格雷答应了这桩婚事，珍妮·格雷也没有反对此事。于是，珍妮·格雷与诺森伯兰公爵约翰·达德利的儿子快速地结婚了，当时，婚礼非常盛大。就在同一天，多塞特侯爵亨利·格雷被授予了公爵爵位。不过，与此同时，年轻的英格兰国王爱德华六世正躺在病床上，奄奄一息。

诺森伯兰公爵约翰·达德利认为，他如果能在爱德华六世驾崩之前，把珍妮·格雷从原本的第四顺位继承人变为第一顺位继承人，那么将更有把握把珍妮·格雷推上英格兰王位。不久之后，他真的有了这样一个机会。那天，他坐在爱德华六世的病床前，把话题转向了爱德华六世在宗教改革上取得的重大进步。谈着谈着，爱德华六世感叹道："唉，如果我的姐姐玛丽公主继承英格兰王位，那么我们所有的努力都会付诸东流，因为她信仰天主教。"这时，诺森伯兰公爵约翰·达德利不动声色地说："陛下，有个办法能避免这样的灾难，那就是让珍妮·格雷成为第一顺位的王位继承人，让她而不是玛丽公主继承您的英格兰王位。"

首先，爱德华六世的确不想自己的努力被姐姐否定，其次，在之前的几年中，珍妮·格雷一直是他的亲密朋友和伙伴，他非常信任她，所以，最后，爱德华六世真的被诺森伯兰**公爵约翰·达德利**说服了。于是，爱德华六世便派人请来了王国的三位法官，让他们起草他的遗嘱。在遗嘱中，他命珍妮·格雷在他驾崩之后继承英格兰的王位，而他的两个姐姐玛丽公主和伊丽莎白公主则被剥夺了王位继承权。

爱德华六世垂危之际召来三位法官起草遗嘱，约翰·佩蒂（John Pettie，1839—1893）绘

然而，法官们不敢动笔，因为根据亨利八世对于王位继承的安排，任何干扰了王位继承顺序的人都会被以叛国罪论处。因此，法官们清楚，如果他们真的按照了爱德华六世的要求起草了遗嘱，而最后珍妮·格雷却没有成为英格兰女王的话，那么，他们就会被关进伦敦塔，并最终送上断头台。因此，这三个法官陈述了他们的理由之后，拒绝了爱德华六世的要求。

约翰·达德利，英格兰海军上将和政治家，是英格兰第一任诺森伯兰公爵，也是宗教改革的领袖。图为他的画像，绘者信息不详

第三章 珍妮·格雷

为此,诺森伯兰公爵约翰·达德利勃然大怒,仿佛早有准备似的,他对法官们公开使用了暴力。不过,因为害怕被以叛国罪处决,所以三个法官死活不松口。见威胁和暴力都不能奏效后,诺森伯兰公爵约翰·达德利又生一计,他请爱德华六世签署了法官们的赦免令,这样一来,即便法官们受到了叛国罪的指控,赦免令也能使他们免受惩罚。赦免令下达之后,法官们虽然还有诸多顾虑,但还是不情不愿地起草了爱德华六世的遗嘱。

爱德华六世驾崩后,为了防止玛丽公主和伊丽莎白公主在珍妮·格雷登基前有什么动作,诺森伯兰公爵约翰·达德利计划把她们骗到伦敦来软禁起来。因此,他首先隐瞒了爱德华六世驾崩的消息,并开始拉拢、控制朝中的官员。其次,他还派使者去求见住在伦敦北部的

格林尼治宫当时是王室贵族和国王的宫苑,伊丽莎白在这里出生,爱德华六世在这里病逝。图为格林尼治宫,绘者信息不详

两位公主，说病重的国王希望她们能来格林尼治宫看他。

接到"国王的召唤"之后，玛丽公主和伊丽莎白公主立刻启程了。但就在她们赶往格林尼治宫、即将到达伦敦的时候，一个人拦住了她们，不仅告诉了她们爱德华六世已经驾崩的实情，还把诺森伯兰**公爵约翰·达德利**准备拥立珍妮·格雷为女王的计划告知了她们。

得知真相后，两位公主极度震惊，于是，她们立刻转身离去。在逃亡的路上，玛丽公主还给议会写了封信，在信中，她谴责了他们推迟宣布立她为女王的行为。接着，她迅速逃到了英格兰东部萨福克郡的弗拉姆灵厄姆。那里不仅有坚固的城堡，而且萨福克郡的人也都十分支持她。此外，萨福克郡临海，如果真的在英格兰待不下去了，她还可以乘船逃离。

与此同时，诺森伯兰**公爵约翰·达德利**带领着一大群追随者来到了珍妮·格雷的住处，告诉她爱德华六世已经驾崩、他们决定拥立她为英格兰女王的消息。听到这个消息后，珍妮·格雷非常吃惊。最初，她坚定地拒绝登基为英格兰女王。但在诺森伯兰**公爵约翰·达德利**、她的父亲及她丈夫的迫切恳求下，她最终还是答应登基。于是，她跟着那群人来到了伦敦，完成了登基的流程。

珍妮·格雷登基的消息一传开，便在英格兰引起了轩然大波，英格兰人要么支持玛丽公主，要么支持珍妮·

第三章 珍妮·格雷

诺森伯兰公爵约翰·达德利等人拥立珍妮·格雷登基,查尔斯·罗伯特·莱斯利
(Charles Robert Leslie, 1794—1859)绘

格雷,一群又一群人开始武装起来、聚集在一起。不过很明显,大部分人都支持玛丽公主,可以说,生活在伦敦辖区以外的人都支持玛丽公主。于是,大量的武装人员汇聚到玛丽公主所在的地方。就在此时,伊丽莎白公主也站了出来支持姐姐玛丽公主,并率领了一支拥有一千骑兵的武装队伍来到了玛丽公主的旗下。

为了"镇压"玛丽公主,诺森伯兰公爵约翰·达德利召集了麾下可以动员的所有力量,组成一支军队向北进发。但他很快就发现自己的努力是徒劳的——他的部队弃他而去,他本来的支持者也背叛了他,转投了玛丽公主。后来,他的大本营伦敦也开始支持玛丽公主。最终,失去一切的他沦为阶下囚,他的党羽也被逮捕,珍妮·格雷和她的丈夫、父亲一起被关进了伦敦塔。

诺森伯兰**公爵约翰·达德利**随即以叛国罪的罪名被送上了断头台。1553年7月5日,爱德华六世驾崩,8

珍妮·格雷被关进伦敦塔,保罗·德拉罗什(Paul Delaroche,1797—1856)绘

第三章 珍妮·格雷

月 22 日，诺森伯兰公爵约翰·达德利被送上断头台。不幸的珍妮·格雷从登基到下台历时仅有九天。

又过了差不多一个月后，玛丽公主乘坐着金色织纱的王室战车来到了伦敦。为了感谢妹妹伊丽莎白公主的支持，玛丽公主特许她乘坐一辆银色装饰的六马战车，跟在她所乘战车的后面。在她们的战车身后，紧跟着大

玛丽公主和伊丽莎白公主回到伦敦时，伦敦市民夹道欢迎，约翰·贝姆·利斯顿·肖（John Byam Liston Shaw，1872—1919）绘

量的贵族,贵族身后是护送他们的军队。六匹盛装的马儿拉着金色战车穿过了伦敦市、走过了伦敦塔,来到了威斯敏斯特教堂,在那里,玛丽公主以隆重的仪式登上了她父亲的宝座,加冕为英格兰的女王。

与西班牙的联姻

精彩看点

爱德华六世的葬礼——玛丽女王为弟弟私下举行葬礼——玛丽女王的婚姻——查理五世——腓力王子——玛丽女王窃喜——西班牙和法兰西——英格兰的新教和天主教——玛丽女王的选择——英格兰人民的反应——下议院的请求——玛丽女王解散议员——首席大臣斯蒂芬·加德纳的建议——查理五世决定让步——两国关于联姻的共识——托马斯·怀亚特叛乱——叛军向伦敦进发——玛丽女王撤回伦敦——坚固的城堡与忠诚的臣民——叛军来到泰晤士河畔——武装起来的伦敦市民——怀亚特爵士投降——多塞特侯爵亨利·格雷被捕——珍妮·格雷被处死——多塞特侯爵亨利·格雷被送上断头台——审判托马斯·怀亚特爵士——伊丽莎白公主被捕——伊丽莎白公主的清白——绞死共犯——赦免从犯——迫不及待的玛丽女王——海军将领的来信——度日如年的玛丽女王——玛丽女王的抱怨——腓力王子的性格——腓力王子踏上英格兰的土地——盛大的婚礼——玛丽女王的憧憬——失望的玛丽女王——腓力王子返回西班牙——腓力王子的野心——腓力王子返回英格兰——玛丽女王的痛苦——玛丽女王驾崩

第四章 与西班牙联姻

如前文所述，玛丽公主是一个冷漠、严厉、令人生畏的人。此外，因为虔诚地信仰天主教，所以她对自己的要求也比较严格。那些与她志同道合的人认为她有恒心、有毅力，但在那些与她意见相左的人看来，她就是一个十足的偏执狂。

比如，她的弟弟，年轻的爱德华六世驾崩后，因为爱德华六世和当时的大部分英格兰人都信奉新教，所以英格兰准备以新教教会的仪式为去世的国王举行葬礼。虽然信奉天主教的玛丽女王并没有运用国王的权力阻止这件事，但身为英格兰女王的她也没有出席葬礼，而是把一些信奉天主教的人召集到了一个小教堂里，依照天主教的仪式，为她的弟弟爱德华六世举行了天主教式的葬礼。身为女王，却不参加上一任国王全国性的葬礼，而是自己在小教堂里，以另一种方式祭奠爱德华六世，她的这种做法，我们该说她是偏执还是对天主教的信仰一以贯之呢？

成为英格兰女王时，玛丽已经将近35岁了，但她依然没有结婚。虽然有很多人想成为她的丈夫，但那些人的目的仅仅是想分享她的荣誉与权力。而在众多的"追

英格兰玛丽女王登基后的画像，安东尼斯·莫尔（Antonis Mor, 1517—1577）绘

第四章 与西班牙联姻

求者"中,最显赫、最有希望成功的便是西班牙的腓力王子了。

其实,"追求"英格兰玛丽女王并不是腓力王子的意愿,而是他父亲的想法。他的父亲是当时西班牙的国

身着装饰华丽的盔甲,雪白的皮肤和洁白的长袜相得益彰,西班牙的腓力王子看起来越发高贵,图为他 24 岁左右的画像,绘者信息不详

王，我们一般称其为查理五世。查理五世可以说是当时欧洲最富有、最有权势的君主了，因为他既是西班牙的国王，也是神圣罗马帝国的皇帝。因为这双重身份，所

身着盔甲的西班牙国王查理五世，胡安·克鲁兹（Juan Cruz, 1553—1608）绘

以有时候，他会住在马德里，有时候，他又会前往佛兰德斯的布鲁塞尔。

其实腓力王子之前已经娶葡萄牙公主为妻了，但葡萄牙公主不幸薨逝了，也就是说，现在的腓力王子是一个鳏夫。尽管腓力王子比玛丽女王年轻，才27岁，但他不仅和玛丽女王性格相似，还和玛丽女王一样笃信天主教，外表严厉、苛刻而冷漠，骨子里则透着傲慢、野心和跋扈。

年轻的爱德华六世驾崩、玛丽公主继承英格兰王位的消息一传到西班牙王宫，查理五世就产生了与英格兰联姻的想法。为了实施这个计划，他立刻命宫廷中一位有远见卓识的大臣前往英格兰面见玛丽女王，帮腓力王子提亲。最后，这位使臣成功完成了任务，当然，也有可能是西班牙的提亲之举正中玛丽女王的下怀呢。

首先，腓力王子年轻有为；第二，他的父亲统治着欧洲疆域最广阔的帝国，而他则是这个帝国的继承人；第三，苏格兰玛丽女王是英格兰玛丽女王的王位竞争对手，据说她即将与法兰西王子结婚，如果身为英格兰女王的她能够与西班牙王子结婚，那她就能胜苏格兰玛丽女王一筹。

在这里，有必要说一下，当时的欧洲，虽然法兰西很强大，但西班牙比法兰西更强大、更富有。因为拥有美洲殖民地和那里的金银矿藏，当时的西班牙可能是世界上最富有的国家之一。

英格兰玛丽女王的大臣们发现，他们的女王心动了，或者说，他们的女王热衷于这一联姻。于是，大臣们便联名对女王说道："尊敬的女王陛下，如果您真的希望与西班牙的联姻能够顺利进行，那我们建议您暂停一切压制新教、让国民回归天主教的政策和举动，直到您真正完婚。您是知道的，因为之前两位国王的原因，我国的大部分人们都信奉了新教。而且您应该也感觉到了，在压制新教牧师、恢复天主教习俗和仪式的过程中，英格兰人一直处于心神不宁、焦虑不安的状态。在这个时候，如果您一边压制新教、提倡天主教，一边又嫁给西班牙腓力王子这个孤傲又刻板的天主教徒的话，那么我们的国民一定会更加震惊。我们担心，到那时，暴乱恐怕难以避免。因此，如果您真的想和西班牙的腓力王子结婚，我们建议您暂停一切恢复天主教的举措。"

众所周知，玛丽女王是一个虔诚的天主教徒。登基后，她便试图让已经信奉新教的英格兰人再次信奉天主教，试图让英格兰政府重新把天主教定为国教，并且她已经秘密地采取了一些措施，而这些措施也取得了一些成果。不过，在听完了大臣们的建议后，权衡利弊之下，她觉得这不失为一种有利的选择。因此，为了她的婚礼

第四章 与西班牙联姻

能够顺利举行,她采纳了大臣们的建议,开始竭尽全力安抚、平息民众。

然而,玛丽女王准备婚事时,各种谣言开始在英格兰和欧洲其他国家流传。在其他国家,人们抱着看热闹的心态,肆意传播各种谣言;而在英格兰,谣言引起了轩然大波,引起了人民的强烈抗议。英格兰人都知道,西班牙的腓力王子野心勃勃,傲慢专横。在他们看来,如果这样一个人成为他们女王的丈夫,那么英格兰将很有可能成为西班牙或神圣罗马帝国的一部分。

因为这种担心,下议院便选出了20个人,命他们组成委员会前去面见玛丽女王,请求她不要嫁给一个外国人。但他们的这个举动惹怒了玛丽女王。于是,玛丽女王解散了议会。玛丽女王的行为也坐实了人民的担心。同时,为了"报复"玛丽女王,议会成员们到处宣扬道:"如果玛丽女王真的嫁给西班牙的腓力王子的话,那么英格兰将成为西班牙的一个行省。"最终,这样的话越传越远,造成的影响也越来越大,英格兰人几乎全部陷入了恐慌状态。

在这种情况下,英格兰玛丽女王的首席大臣斯蒂芬·加德纳给查理五世写了一封信。在信中,他说道:"首先,虽然我们的玛丽女王陛下非常乐意与贵国联姻,但我国人民极力反对这桩婚事,因此,我担心,如果我们不能给人民一个满意答复，贵我两国的联姻之举很可能难以实现；其次，我觉得，只有玛丽女王和腓力王子的婚约条款足够有利于玛丽女王和英格兰，我国人民才能安心；再次，我觉得，贵国可能还需要提供一大笔钱，以便我国的贵族能够顺利安抚人民。"从这封信中，我们不难看出，首席大臣斯蒂芬·加德纳真是一个高明或者狡猾的政客。

最终，查理五世决定让步。首先，他开始向神圣罗马帝国所属的富裕城市借钱，并让儿子腓力王子签下契约：结婚之后偿还所借钱款。据说，如果折合成美元的话，这次，查理五世向英格兰送了200万美元。如果按照当时的经济状况来看，这可是一笔相当可观的巨款。

然后，他派了一个使团前往伦敦，一是押送200万美元的巨款，二是与英格兰方面磋商两国联姻的具体事宜。最终，双方就联姻之事达成了如下共识：

第一，腓力王子和玛丽女王结婚后，腓力王子将和玛丽女王同时拥有英格兰国王的头衔，同样，玛丽女王也将拥有腓力王子在西班牙的头衔；

第二，任命英格兰政府官员的权力只属于玛丽女王，西班牙人没有任何资格参与；

第三，关于腓力王子和玛丽女王婚后子嗣的继承权问题，将制定特别条款；

第四章 与西班牙联姻

第四,虽然腓力王子的前妻留下了一个儿子,但这个孩子只有继承腓力王子在西班牙王国权力的权利,腓

斯蒂芬·加德纳,英格兰宗教改革时期的主教和政治家,曾任玛丽女王执政时期的大法官,图为他的画像,昆廷·马塞斯(Quentin Metsys,1466—1530)绘

力王子在欧洲大陆其他地方的权力将由新婚姻带来的子嗣继承；

第五，为了不让英格兰人民感到不安，腓力王子不会带西班牙或外国的家眷到英格兰王国；

第六，没有英格兰贵族的允许，腓力王子不会把玛丽女王及他和玛丽女王的任何孩子带出英格兰；

第七，如果玛丽女王先于腓力王子，那么腓力王子在英格兰的所有权力永远停止；

第八，腓力王子不会带走属于英格兰王室的珠宝或其他任何财产，也不许任何其他人这样做。

可以说，这些共识考虑到了所有可能出现的情况，共识中的每一点都细致入微。另外，为了满足英格兰人民的要求，消除他们对联姻的恐惧和反对，它们精心地保护了玛丽女王和英格兰的权利。

这些共识及使团送来的巨款似乎平息了英格兰人的反对情绪，至少，公开反对联姻的声音消失了。虽然西班牙和英格兰的努力取得了一些效果，消除了表面上的反对浪潮，但他们的努力并没有真正化开英格兰人心中的坚冰。英格兰人的反对之情在私底下慢慢蔓延。最终，一些别有用心者利用了民众这种情形，鼓动人民，掀起了公开的叛乱。

因为组织叛乱的首领是托马斯·怀亚特爵士，所以

第四章 与西班牙联姻

这场叛乱史称"托马斯·怀亚特叛乱"。参与叛乱的人中,有一个读者们熟悉的人——珍妮·格雷的父亲多塞特侯爵亨利·格雷。因为他也参与其中,加之珍妮·格雷的敏感身份,所以人们猜测,这场叛乱的目的应该不是阻止英格兰与西班牙联姻那么简单,发动叛乱的人很有可能要推翻玛丽女王,再次把珍妮·格雷推上王位。

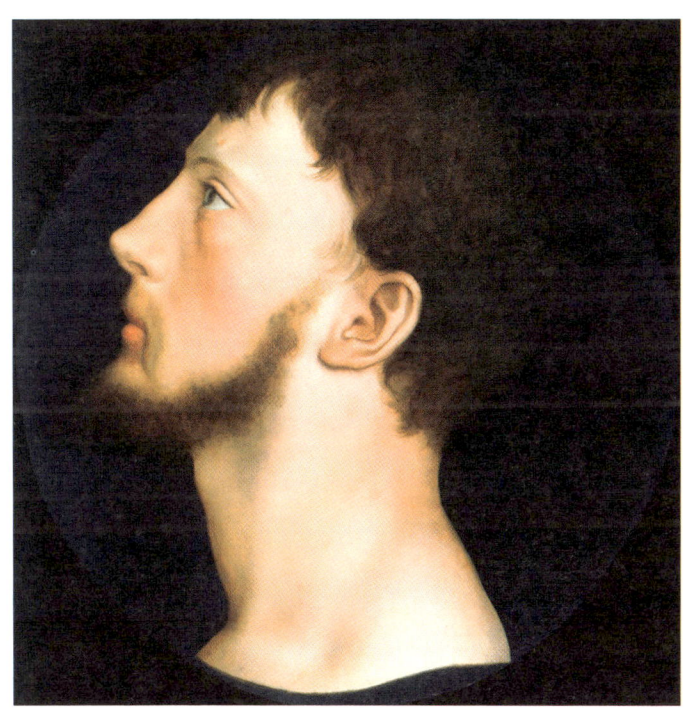

托马斯·怀亚特是英格兰政治家和"托马斯·怀亚特叛乱"领导人,图为他的画像,汉斯·霍尔拜因·德·扬格(Hans Holbein der Jungere,1497—1543)绘

托马斯·怀亚特爵士的大本营在英格兰东南部肯特郡。叛乱之初，他们便聚集了大量的武装人员，组成了一支大军，浩浩荡荡地从英格兰南部出发，向伦敦进发。得知叛军即将逼近的消息后，玛丽女王非常震惊。考虑到手中没有可用的武装力量，玛丽女王便派出了一位使者，命他穿过泰晤士河，沿河而下，前去求见托马斯·怀亚特爵士，听一听他的政治诉求。最终，玛丽女王的使者遇到了托马斯·怀亚特爵士率领的队伍——当时，他正率领着四千人向北前进。见到使者、听完使者的话之后，托马斯·怀亚特爵士要求玛丽女王下台，伦敦也必须投降。

听完使者带回的消息后，玛丽女王便明白了，托马斯·怀亚特爵士的真正目的就是废黜她，于是她立刻拒绝了他的要求。由于手中没有御敌的军队，玛丽女王只好撤出威斯敏斯特，回到伦敦，到伦敦市政厅避难，请市政当局保护她。有人建议她躲进伦敦塔，但她拒绝了，她说："虽然伦敦塔有坚固的城堡，但与坚固的城堡相比，我更相信忠诚的臣民。"

托马斯·怀亚特爵士率领队伍继续前行，终于抵达了泰晤士河畔。不过，他并没有立即渡河，因为那时的泰晤士河与现在的情况不同，现在的泰晤士河上有六座桥梁，而当时的整个泰晤士河上只有一座桥梁，更何况那座桥梁的周围戒备森严，布满了坚壁深垒。托马斯·怀亚特爵士不敢贸然行动。最终，他决定沿着河岸前往泰晤士河的上游，到河流上游地势比较高的地方渡河。过河之后，他便准备攻入伦敦市了。但由于几次突发情况，他们在伦敦城外滞留了很久。

有了这些宝贵时间后，伦敦城中的人民也武装了起来。最后，当托马斯·怀亚特爵士准备率领队伍进入伦敦城时，迎接他的是大量已经武装的伦敦市民。就在托马斯·怀亚特爵士率领部队攻入伦敦城后，伦敦市的市政武装人员挡在了前进的道路上：他们封锁了街道，关闭了大门，占领了所有的大街。而且出乎托马斯·怀亚特爵士预料的是，伦敦市民也不支持他。就在这时，玛丽女王的传令官来了，传令官说："为了避免更多的死亡，托马斯·怀亚特，女王命你投降。"最终，陷入重围、濒临绝望的托马斯·怀亚特爵士绝望投降了。

正在另一个郡召集人手，准备支援托马斯·怀亚特爵士的多塞特侯爵亨利·格雷得知了托马斯·怀亚特爵士投降的消息后，他立刻开始逃亡，躲进了自己某个隐蔽的庄园里。但因为手下人的出卖，他也被逮捕了，并再次被关进了伦敦塔。见到叛乱的主要领导人或投降、或被捕之后，其他人立刻一哄而散，躲藏了起来。至此，"托马斯·怀亚特叛乱"得以镇压。

此前，珍妮·格雷因爱德华六世驾崩后争夺英格兰王位而被关进了伦敦塔，但玛丽女王并没有处死她。可这一次，在托马斯·怀亚特爵士投降后的第三天，珍妮·格雷就被处死了。或许人们会认为珍妮·格雷有罪，但成王败寇，如果当时的英格兰女王是珍妮·格雷，或许死掉的就是玛丽公主了。

得知女儿被处死后，依然关在伦敦塔的多塞特侯爵亨利·格雷既后悔又悲伤，他觉得，都是因为自己的自私和野心，他可怜、无辜的女儿才会死于非命。就在珍妮·格雷被处决之后的第五天，他也被送上了断头台，结束了自己的一切痛苦。

接下来便是此次叛乱的主谋托马斯·怀亚特爵士了。在处决他之前，玛丽女王专门安排人正式审讯了他。在审讯中，托马斯·怀亚特爵士声称伊丽莎白公主也参与了此次叛乱。于是，玛丽女王立刻逮捕了妹妹，并将她关进了伦敦塔，命人严加看管，既不允许任何人探望她，更不准任何人和她说话。

关于伊丽莎白公主的遭遇，下一章会专门、详细地讲述。现在继续讲述托马斯·怀亚特爵士的遭遇。虽然交待了这些事情，但托马斯·怀亚特爵士并没有得到从宽的待遇，依然被判处了死刑。之后，在被押送到断头台的路上，托马斯·怀亚特爵士撤回了对伊丽莎白公主的指控,他大声地宣布伊丽莎白公主是完全清白的,她根本没有参与任何叛乱活动。

后来,伊丽莎白女王的支持者们认为,托马斯·怀亚特爵士之所以"攀咬"伊丽莎白公主,是因为他觉得这样做能够取悦玛丽女王,说不定能让她饶自己一命。但最后,在走向断头台的过程中,他发现"攀咬"伊丽莎白公主也不能免除一死,所以在赶赴刑场的路上,深受良心谴责的托马斯·怀亚特爵士终于吐露了"真相",还了伊丽莎白公主一个清白。重重历史迷雾中,谁又知道真相究竟如何呢?

与托马斯·怀亚特爵士一同被处决的,还有此次参与叛乱的五六十个共犯,不过他们并不是被送上断头台用斧子砍掉头颅的,而是被送上绞刑架绞死的。此外,又有六百多名参与此事的从犯被捆着手带到了玛丽女王面前,好在玛丽女王赦免了他们。

平定"托马斯·怀亚特叛乱"后,虽然还有一些人私下里牢骚满腹,但在英格兰,再也没有人敢公开反对玛丽女王的婚事了。于是,玛丽女王迫不及待想与腓力王子成亲。首先,她组建了新一届议会,议会全票通过了与玛丽女王的亲事有关的提案。接着,她立刻命一支舰队装备整齐,驶往西班牙迎接腓力王子。

然而,就在这支舰队即将出发的时候,玛丽女王收到了一封曾经指挥过这支舰队的海军将领写来的信。在信中,那位海军将领说道:"尊敬的女王陛下,作为这支舰队曾经的指挥官,我不得不告诉您一个事实,那就是这支舰队中的大部分水手十分讨厌腓力王子,如果腓力王子真的上了这支舰队的船,我不知道这些水手们会做什么出人意料的举动。"

获知这件事情之后,因为担心腓力王子的安全,玛丽女王就收回了命令,打发这支舰队去做其他的事情了。为了早日完婚,她又挑选了一支可靠的舰队,命他们前往西班牙迎接腓力王子。

在腓力王子未抵达英格兰的那段时间里,玛丽女王充满了担心和焦虑,她担心腓力王子遭遇不测:她担心迎接他的那支舰队遭遇暴风雨而沉没,又担心一直想破坏这桩婚事的法兰西人拦截迎亲队伍。那段时间,她左思右想坐立不安,彻夜难眠。另外,玛丽女王焦虑的另一个原因是腓力王子会不会喜欢她,毕竟她已经快35岁了,比腓力王子大了将近8岁,她不知道已经不再年轻漂亮的自己能不能吸引腓力王子。

事实上,从准备联姻开始,玛丽女王已经在私下里抱怨过多次了,说未婚夫腓力王子忽略了自己。腓力王子既不给她写信表达他的爱慕之情,也不向她说明新郎要带给王国的彩礼。冷漠、傲慢、自负、骄傲是西班牙人常有的性格标志,而在腓力王子身上,它们似乎达到了极致。

终于,迎接腓力王子的分舰队穿过比斯开湾,抵达了英格兰南部著名的南安普顿郡。踏上英格兰的土地时,腓力王子昂首阔步、派头十足,这让当时在场的英格兰人很不高兴。尽管如此,南安普顿郡的政府官员还是列队欢迎,并把应该呈给他的一切东西呈了上去。接过那些东西后,腓力王子一言未发。虽然英格兰君主和他们的臣民一向拘谨、疏离——这几乎可以称之为英格兰的特点了,但腓力王子的傲慢无礼和狂妄自大似乎更甚于此。

为了迎接自己的新郎,玛丽女王也摆驾离开了伦敦。之后,他们一同返回伦敦,举行婚礼。他们的婚礼非常盛大。婚后,玛丽女王满怀憧憬地和丈夫住进了温莎城堡。但可怜的玛丽女王发现,腓力王子一点儿都不爱她。在英格兰待了一年后,厌倦了妻子和英格兰的腓力王子直接返回了西班牙,这让玛丽女王非常恼怒。

两人闹矛盾的主要原因是他们婚后一直没有子嗣,腓力王子之所以愿意与玛丽女王结婚,并不是因为他喜欢玛丽女王,而是因为他想通过这桩婚姻实现自己的野心。他原本的打算是,当他们两人生下一儿半女之后,他们的子嗣便可以继承英格兰王国和神圣罗马帝国的一切。然而，婚后的玛丽女王迟迟没有怀孕，于是他开始粗暴地对待自己的妻子，最终弃她而去。

不过，离开大约一年之后，腓力王子再次踏上了英格兰的土地。可是，他这次来只是为了迫使玛丽女王和他一起发动对法兰西的战争。他告诉玛丽女王："如果你不准备让英格兰对法兰西宣战的话，那我就立即转身离开英格兰，再也不回来了。"

最后，玛丽女王做出了让步，但这么做并没有让她获得幸福。对玛丽女王来说，这桩婚姻是不幸的，它不仅折磨着她的灵魂，更严重损害了她的身体健康。婚后没几年，她便悲惨地驾崩了。玛丽女王之所以同意联姻，是因为她想从中获得属于自己的幸福，但谁也没想到，这场婚姻最终带来的是悲剧。

第五章

伊丽莎白公主的囚禁生涯

精彩看点

监禁伊丽莎白公主的地方——不能同时有效的两桩婚姻——不能同时享有的王位继承权——矛盾爆发——伊丽莎白公主离开伦敦——托马斯·怀亚特叛乱爆发——玛丽女王的信——伊丽莎白公主的回信——伊丽莎白公主的要求——"担架床"——伦敦市民的迎接——汉普顿宫的软禁——转囚伦敦塔——又惊又怒的伊丽莎白公主——写给玛丽女王的信——伦敦塔简介——叛徒之门——焦虑不安的伊丽莎白公主——伊丽莎白公主的抗议——接收罪犯的惯例——善良的伊丽莎白公主——被严格限制的一点自由——送花的小男孩——伊丽莎白公主的恐惧——伍德斯托克宫——愤怒的英格兰人——送行的民众——玛丽女王的安排——伊丽莎白公主的决定——玛丽女王的怀疑——偶尔公开露面的伊丽莎白公主——挤奶女工——大臣的诱导

第五章 伊丽莎白公主的囚禁生涯

上一章讲过,由于"托马斯·怀亚特叛乱",伊丽莎白公主被玛丽女王囚禁在伦敦塔。其实,这个说法不太准确,因为在这段囚禁生涯中,伊丽莎白公主曾先后被囚禁在白厅、伦敦塔、玛丽女王居住的王宫和伍德斯托克宫。这一章将详细讲述伊丽莎白公主被监禁的生涯。

犹记得,爱德华六世驾崩后,英格兰王国即将陷入内乱。伊丽莎白公主支持了自己的姐姐玛丽公主,助她登上了英格兰的王位,还参加了她辉煌盛大的加冕仪式,但实际上,玛丽女王和伊丽莎白公主根本不可能走到一起,正如她们各自的母亲与亨利八世的婚姻不可能同时有效一样。

亨利八世的第一任妻子是阿拉贡的凯瑟琳。后来,为了和安妮·博林结婚,亨利八世宣布他与阿拉贡的凯瑟琳之间的婚姻无效。不过,因为当时的安妮·博林

伊丽莎白女王

已经有了身孕,所以等不及的亨利八世根本没有和阿拉贡的凯瑟琳离婚,便直接和安妮·博林结婚了。亨利八世这样做的一个后果便是,严格意义上来讲,在他和阿

安妮·博林是亨利八世的第二位王后,也是本书故事主角的母亲。图为安妮·博林画像,绘者信息不详

拉贡的凯瑟琳及他和安妮·博林的这两桩婚姻中，只有一桩婚姻是有效的，另一桩婚姻是无效的。按照当时的法律，如果婚姻无效的话，那么他们的后代便没有继承权。当时，如果亨利八世没有那么操之过急，如果他先和阿拉贡的凯瑟琳离婚，再和安妮·博林，那么这两桩婚姻都是有效的，但他并没有这么做。这就导致了一个问题，即严格意义上来讲，在玛丽女王和伊丽莎白公主两人中，只有一人拥有合法的王位继承权。虽然玛丽女王已经登基成了英格兰女王，但这个法律意义上的问题依然重要。这也就是玛丽女王和伊丽莎白公主之间存在的根本问题。

玛丽女王登基后不久，因为一件小事，她和伊丽莎白公主之间的矛盾彻底爆发了。最后，伊丽莎白公主请求离开宫廷去乡下的住处，玛丽女王随即应允，于是，伊丽莎白公主住到了伦敦西部的阿什里奇。

而就在此时，"托马斯·怀亚特叛乱"爆发了。这时，因为担心伊丽莎白公主的政治影响力，所以玛丽女王假意给她写了一封信，想把她骗到伦敦、置于自己的控制之下。在信中，玛丽女王说道："我亲爱的妹妹伊丽莎白，现在，一些图谋不轨的人已经发动了叛乱，我担心你那里受到叛军的骚扰，我担心你受到叛军的威胁，所以，我希望你能回到伦敦。我想，因为之前的事情，你可能还在生我的气，但无论如何，你都是我的妹妹，是我们的父王亨利八世的女儿，是英格兰的伊丽莎白公主。因此，等你回到伦敦后，我一定会真诚地欢迎你回来，并竭尽全力保证你的安全。"

伊丽莎白公主知道，虽然玛丽女王在信中说的是邀请，但实际意思是命令，命令她必须回到伦敦。尽管她不想违背玛丽女王的命令，但此时她正病魔缠身，因为不想为了遵从女王的命令而忽视了病情与身体健康，所以她请身边的人作证，给玛丽女王回了一封信。在信中，她表达了两点意思：第一，她一定遵从女王的命令，早点回到伦敦；第二，她现在的身体状况不适合上路，所以她想等病好之后再回去。

后来，如前文所述，托马斯·怀亚特爵士战败投降，并宣称伊丽莎白公主参与了叛乱，于是，玛丽女王立刻派出了三名亲信官员，命他们赶往伊丽莎白公主的住处。玛丽女王给他们的命令是，无论伊丽莎白是不是生病，无论她的病情多么严重，你们也要让她立刻启程来伦敦。为此，玛丽女王不仅给三人派了一支军队，还给他们提供了一幅"担架"。

三人率领着军队立刻出发，于当晚22时到达阿什里奇。接着，他们立刻强硬地"求见"了伊丽莎白公主，并把玛丽女王的命令告诉了她。伊丽莎白公主有点害怕，

第五章 伊丽莎白公主的囚禁生涯

她说自己的病很严重，实在不能立刻启程，能不能宽限一下。但三人立刻叫来了随行的医生，命医生诊断一下公主的病情。最后，当医生说伊丽莎白公主的病情虽然严重，但并没有生命危险，可以上路之后，他们把伊丽莎白公主抬上到了玛丽女王提前准备的"担架"上。与其说它是个"担架"，不如说它是个轿子。实际上，它就是一张加了顶盖的"床"。另外，"床"的四周还有供人抬起的装置。

最终，那三人命一些人抬着那个"担架床"，花了4天的时间，走完了阿什里奇到伦敦将近50公里的路程。可以从时间上看出，他们走得很慢，一方面是因为伊丽莎白公主的病情的确很严重，另一方面是因为玛丽女王的人已经完全控制了伊丽莎白公主，不用担心路上花费的时间。

因为"担架床"里是伊丽莎白公主，所以快到伦敦时，伦敦市民专门出城迎接了她。伊丽莎白公主虽然很不高兴，但并没有阻止这些人向自己表达敬意。进入伦敦城见过玛丽女王之后，一行人立刻把伊丽莎白公主送到了威斯敏斯特的白厅宫。接着，玛丽女王的其他亲信官员开始审讯伊丽莎白公主，不过直到叛乱结束，他们都没有发现任何不利于伊丽莎白公主的证据。

与此同时，虽然托马斯·怀亚特爵士在临死前说伊丽莎白公主是清白的,他的指控是攀咬,但参与"托马斯·怀亚特叛乱"的一些乱党仍然一口咬定伊丽莎白公主参与了叛乱,所以玛丽女王便把伊丽莎白公主转移到了伦敦西南部的汉普顿宫——这座宫殿位于泰晤士河岸边,距伦敦不到10公里。而且这次转移伊丽莎白公主时,玛丽女王用自己的人换掉了伊丽莎白公主手下的人,还把一些王室侍卫布置在汉普顿宫的四周。虽然他们都不敢强迫伊丽莎白公主,但很明显,伊丽莎白公主被软禁了,失去了人身自由。

后来,玛丽女王又派了两个亲信去找伊丽莎白公主,两个人中的一人开口说道:"尊贵的玛丽女王陛下决定把您送到伦敦塔。"听到这句话后,伊丽莎白公主又惊又怒。在离开前,她要求给玛丽女王写信。虽然两人中的一人认为伊丽莎白公主没有权利给女王写信,但另一个人认为公主有权利给女王写信。最后,经过一番争论,伊丽莎白公主终于给姐姐玛丽女王写了一封信。在信中,伊丽莎白公主郑重声明,自己没有参与任何反对玛丽女王的叛乱,坚持自己的清白,并诚挚地恳求姐姐放过自己。但这封信并没有打动玛丽女王,所以伊丽莎白公主依然被带上驳船。驳船以极其秘密的方式沿河而下,向伦敦塔驶去。

这里有必要简单介绍一下伦敦塔。首先,伦敦塔位

第五章 伊丽莎白公主的囚禁生涯

当时的伦敦塔,文策尔·霍拉(Wenzel Hollar,1607—1677)绘

于伦敦市的北部,而汉普顿宫则位于伦敦市西南,距伦敦市不足10公里。不过,无论是伦敦塔还是汉普顿宫,都在泰晤士河沿岸,因此,一艘驳船就可以完成这次转移任务。其次,如第一章所述,伦敦塔实际上是一座巨大的城堡,这个城堡有好几个入口,其中那座直通泰晤士河的后门,又被称为"叛徒之门",因为通过那里进入伦敦塔的多是英格兰王国中的重要政治犯。最后,伦敦塔虽然有监狱的作用,但同时是国王和女王遇到突发险情时避难的地方,所以另有一座专供身份高贵者出入的大门,这个大门也直通泰晤士河。

其实,在此之前,伊丽莎白公主也多次出入伦敦塔,不过那时她是通过那扇供身份高贵者出入的大门进出的。而这一次，在驳船上，焦虑不安的她却不知道自己会从哪扇大门进入伦敦塔。

载着伊丽莎白公主的驳船沿着泰晤士河前进，其他护送船伴随左右。那天是一个重大的宗教庆典日，大多数人都在教堂，所以基本不会有人注意到泰晤士河上的一艘驳船。正是因为这个原因，玛丽女王才选择在这一天把伊丽莎白公主送入伦敦塔。加之当时天公不作美，风雨交加，这样一来，伦敦市的市民更加注意不到转移伊丽莎白公主的驳船了。

最终，在没有引起任何人注意的情况下，驳船和护送船顺流而下，停靠在通往"叛徒之门"的台阶处。看到驳船停泊的地点后，伊丽莎白公主大声地宣布道："我

叛徒之门

不是叛徒,所以我是不会从这里上岸的。"而负责"押送"伊丽莎白公主的贵族冷漠地回应道:"公主殿下,您无权选择上岸的地方。"

说完这些话,他便把一件宽大的外衣披在伊丽莎白公主身上,帮助公主遮挡雨水。伊丽莎白公主懊恼、愤怒地甩掉大衣,但抗议无效,她还是不得不走出驳船、走上台阶、走近"叛徒之门"。在雨中,伊丽莎白公主边走边说:"上帝啊,您看一看,今天在这些台阶上行走的是您忠诚的信徒,是英格兰忠诚的儿女。"最后,在"叛徒之门"的大门口,她又说道:"上帝啊,现在我孤身一人,除了您,我没有任何朋友了。"

那时,"叛徒之门"的门口已经聚集了一大批城堡的守卫人员,他们是来接收伊丽莎白公主的,这是高级别的罪犯进入伦敦塔时的惯例。看到这些人穿着奇特的古装制服,威风凛凛或者说瑟瑟发抖地站在雨中后,伊丽莎白公主问道:"你们为什么要这样做呢?你们为什么要穿这种不能御寒、保暖的服装呢?"有人回答道:"回禀公主殿下,这是这里接收罪犯的惯例。"

伊丽莎白公主说道:"如果是这样的话,我希望今天,你们能免除这个仪式,首先,上帝知道,我不是罪犯;其次,我也不想你们在这样的狂风暴雨里受冻。都回去吧!"听到伊丽莎白公主的话,感受到她的善意之后，这些人立刻跪了下来，祈求上帝保佑她，并向她送上最诚挚的祝福。

虽然极不情愿，但伊丽莎白公主还是不得不穿过伦敦塔的庭院，来到她被关押的地方。来到自己将要入住的房间门口后，伊丽莎白公主直接坐在了门口的石头上。负责伦敦塔的官员极力劝说伊丽莎白公主，让她赶快回到自己的房间里，免得受凉。伊丽莎白公主却说道："即使着凉，也比进入那个糟糕的地方好一百倍。无论你们把我关到哪里，上帝都知道我是清白的。"不过，说完这些话之后，伊丽莎白公主还是起身走进了自己的"房间"。接着，房门便被锁上了。一下子，它真的成了一间"监狱"了。

在最初的一个月里，伊丽莎白公主被严密看管，不准做任何事情；一个月之后，他们对她的看管终于宽松了一些，至少公主能够出房间走动走动了。被关了一个月之后，伊丽莎白公主获得了一点儿自由，因此，她的内心深处还是有些高兴的。不过，这点儿自由也是被严格地限制着的，首先，伊丽莎白公主外出走动的时候，她的身边紧紧跟着两个护卫和三个侍女；其次，玛丽女王严令，任何人不得和伊丽莎白公主交流，所以，伊丽莎白公主经过的地方空无一人，房屋的门窗也紧闭着。

伦敦塔中有一个小花园，那里距"关押"伊丽莎白公主的地方不远。又过了一段时间,伊丽莎白公主终于能够去小花园散散步了。在小花园附近散步的时候,伊丽莎白公主总能收到一个小男孩送来的鲜花。这些鲜花给了她不少慰藉。这个小男孩刚刚5岁,是伦敦塔中一个小职员的儿子。伊丽莎白公主非常喜欢这个善良、可爱的孩子。

后来,玛丽女王的人怀疑这个小男孩是外界与伊丽莎白公主交流的信使。于是,他们找来那个小男孩,细细地盘问他。虽然那个孩子的回答坦诚、稚嫩,丝毫没有值得怀疑的地方,但他们还是禁止他再给伊丽莎白公主送花。后来,当伊丽莎白公主再次到小花园散步时,小男孩紧贴着门缝,大喊道:"公主殿下,我再也不能给您送花了!"

大约是伊丽莎白公主被关进伦敦塔三个月后的某一天,伊丽莎白公主突然听到了队伍整齐行进的声音。听到这种声音后,伊丽莎白公主最先想到的是:玛丽女王要杀我了吗?于是,她立刻叫来身边的某个人,开口问道:"处决珍妮·格雷的断头台还在这里吗?"那个人说它已经被拆掉搬走了。得到这个答复后,伊丽莎白公主稍稍放心了一些。接着她看到,玛丽女王的警卫托马斯·白丁菲尔丁爵士率领着300人出现在她面前。托马斯·白丁菲尔丁爵士说玛丽女王让他护送公主离开伦敦塔。得知这个消息后,伊丽莎白公主再次变得忐忑不安起来,她不知道自己会被带到哪里。最后,她被带到伍德斯托克宫。这座宫殿位于伦敦市西部,距伦敦市约 80 公里,离牛津大学很近。

原来,玛丽女王把伊丽莎白公主关进伦敦塔的消息泄露了。得知这一消息后,英格兰人十分愤怒。首先,玛丽女王根本没有确凿的证据,就不应该关押伊丽莎白公主,所以英格兰人十分同情伊丽莎白公主;其次,因为信仰问题——如前所述,玛丽女王信奉天主教,伊丽

托马斯·白丁菲尔丁一行到伦敦塔接走伊丽莎白公主,并把她送到伍德斯托克宫。图为他们离开伦敦塔时的情景,菲利普·赫莫杰尼斯·卡尔德隆(Philip Hermogenes Calderon,1833—1898)绘

第五章 伊丽莎白公主的囚禁生涯

莎白公主信奉新教，而大部分英格兰人都信奉新教——英格兰的贵族和人民已经开始不满玛丽女王了；再次，因为玛丽女王坚持与西班牙的腓力王子结婚，英格兰人更加愤怒。因为这些顾虑，玛丽女王也不敢再把伊丽莎白公主关在伦敦塔里了，她害怕这会激起民变，引发新的叛乱，所以才有了上面托马斯·白丁菲尔丁转移伊丽莎白公主的事情。

不同于上一次，这次转移是公开进行的。伊丽莎白公主骑马走在队伍中间，托马斯·白丁菲尔丁爵士率领300人的卫队护卫左右。其实，托马斯·白丁菲尔丁爵士的人只是名义上保护伊丽莎白公主，他们真正的主要任务是看管伊丽莎白公主，以免她逃跑或者被其他人劫走。在前往伍德斯托克宫的路上，伊丽莎白公主看到大量英格兰民众聚集在路边，目送着她前进，不断向她送上诚挚的祝福。

刚刚"住到"伍德斯托克宫时，玛丽女王特意为伊丽莎白公主安排了一桩婚事，想让她嫁给欧洲的萨沃伊公爵——他在瑞士和法兰西均有领地。玛丽女王是这样想的：首先，一旦这个妹妹，王位的竞争者嫁人，那她就必须前往欧洲生活，这样一来，她的王位便稳固了；第二，伊丽莎白一定会接受这桩婚事，因为嫁人之后，她就能获得自由了。

不过，玛丽女王想错了，伊丽莎白公主坚决不同意这桩婚事，她说："英格兰是我的祖国，比起远嫁他国，我更愿意生活在自己的祖国，虽然我在自己的祖国过着阶下囚的生活，但在我看来，这也强于国外荣华富贵的生活。"

之后，伊丽莎白公主一直被玛丽女王软禁在伍德斯托克宫。玛丽女王甚至怀疑，自己的妹妹伊丽莎白公主之所以不同意自己安排的婚事，是因为她的最终目标是英格兰的王位。

在圣诞节的时候，玛丽女王派人把伊丽莎白公主带到了自己生活的王宫，让她坐在自己和丈夫腓力王子旁

当时的伍德斯托克宫，绘者信息不详

边的桌子上。除此之外,玛丽女王也会带着伊丽莎白公主出席其他一些公开、盛大的场合。不过,她这么做的主要目的是安抚英格兰民众,之后,伊丽莎白公主还是会被她送回伍德斯托克宫继续软禁。

据说,在伍德斯托克宫的时候,有一天,坐在窗户边的伊丽莎白公主看到了挤奶女工在田里勤劳地工作,听到了她们欢快的歌声。公主长叹道:"唉,我真希望自己也是一个挤奶女工啊!"

软禁期间,玛丽女王的大臣们经常与伊丽莎白公主谈话,敦促或诱使她承认自己的罪行。他们经常说:"尊敬的公主殿下,求您坦白认罪吧。我们也一直在恳求女王陛下仁慈地饶恕您,并解除您的软禁。您知道的,如果女王陛下在您未认罪的情况下释放了您,那么英格兰民众就会认为她之前做错了。女王陛下怎么会承认自己做错了,所以我们求求您了,请您先认罪吧。只要您坦白了自己的罪行,女王陛下有了台阶下,那她一定会赦免您的。"

但伊丽莎白公主不为所动。她说:"清者自清,我是不会承认莫须有的罪行的。我宁愿为了真理、清白而待在监狱里,也不愿意为了自由而昧着良心承认子虚乌有的罪名。"

最终,在五月的一个晚上,伊丽莎白公主被带到了玛丽女王的寝宫，在那里与她的姐姐、英格兰的玛丽女王长谈了一整晚。在交谈中，伊丽莎白公主依然坚持自己无罪。不过，这次，她说话的语气平静、温和，连玛丽女王都震惊于她的镇定。虽然双方都不太满意这次交谈的结果，但她们最终还是和解了。在交谈结束的时候，玛丽女王把一个价值不菲的戒指戴到了伊丽莎白公主的手指上，将其作为她们和解的标志。之后，玛丽女王便解除了伊丽莎白公主的软禁。经历了这么长的监禁生涯之后，伊丽莎白公主终于回到了自己在赫特福德郡哈特菲尔德宫的住处。

回到自己的住处后，伊丽莎白公主一直过着低调的、近乎隐居般的生活，几乎不在任何公共场合出现，几乎不参与英格兰的任何政治活动。在那里的大部分时间里，她都潜心跟着自己的老师罗杰·阿斯卡姆学习拉丁语和希腊语。

伊丽莎白登基

精彩看点

玛丽女王的不幸——不幸的英格兰民众——宗教问题——血腥玛丽——对法宣战——加莱陷落——压垮玛丽女王的重担——姐妹关系的缓和——相互之间的拜访与探望——英格兰人民的期望——小心谨慎的伊丽莎白公主——瑞典求亲事件——反攻加莱的计划——玛丽女王突然驾崩——英格兰王位的继承人——聪明的伊丽莎白公主——亲信们的决定——上议院与下议院——拉丁赞美诗——伊丽莎白公主获知一切——感谢上帝的恩赐——伊丽莎白女王的任命——伊丽莎白女王的得力助手——前往伦敦——正式进入伦敦塔——加冕前的盛大游行——欢呼的民众——装满金子的手提袋——和蔼可亲的伊丽莎白女王——加冕典礼——英格兰王国的新娘

第六章 伊丽莎白登基

在讲述伊丽莎白公主登基成为伊丽莎白女王的事情之前,我得先插叙一下玛丽女王的不幸。虽然玛丽女王和腓力王子顺利结婚了,但婚后的腓力王子不仅不爱玛丽女王,冷漠、傲慢地对待她,还到处沾花惹草,惹玛丽女王生气。有一次,被气得几乎发疯的玛丽女王抓起了丈夫的一张肖像画,将其撕成碎片。看到这里,很多读者或许会觉得玛丽女王也不爱丈夫了,但实际情况可能与此恰恰相反,如果她不爱腓力王子了,她又何必撕碎他的肖像画呢?

与玛丽女王同样遭遇不幸的还有英格兰的人民,因为这个时候,英格兰的宗教迫害愈演愈烈。众所周知,玛丽女王是一个虔诚的天主教徒,因此,登基成为英格兰女王之后,她一直想让改信新教的英格兰人重新信奉天主教。犹记得,她在没有结婚之前就已经开始采取措施了。后来，为了婚姻的顺利进行，她暂停了一切举措。可是，结婚之后，因为丈夫同样信奉天主教，因为天主教在欧洲大陆有着广泛的影响力，所以她开始更加激进地推行自己的宗教政策。

最后，因为被丈夫伤透了心，所以一向严厉、冷酷的玛丽女王颁布了更加严厉的法令，之前激进的宗教政策慢慢演变成了宗教迫害。为了达到自己的目的，她处决了很多反对者，据统计，她曾经把将近300人送上火刑架。这300人中，有50多人是女性，还有4个是孩子。是的，冷酷的玛丽女王连孩子都没有放过。可是，玛丽女王的血腥镇压导致的是更激烈的反抗，越来越多的人开始反对她。而且因为玛丽女王的行为，人们开始称她为"血腥玛丽"，玛丽女王似乎真的成了孤家寡人。

比起国内，国外的挫折或许更加致命。前面我也提到了，在腓力王子永不再见的威胁下，玛丽女王发起了对法战争。最后的事实证明，对法宣战的后果是灾难性的。虽然现在的英国领土只有不列颠和其他殖民地，但在当时，英格兰还占据着欧洲大陆的加莱。加莱港位于现在法国的海岸线上，与现在英国的多佛港隔海相望。加莱一直是英格兰人的骄傲，经过将近200年的经营，英格兰人已经把加莱打造成了一个坚固的要塞。几乎所有的英格兰人都坚信，加莱的防御坚不可摧，里面更是驻扎着一支强大的英格兰海军舰队和陆军守备部队，法兰西人根本不可能攻陷它。但对法开战之后，加莱还是陷落了。得知加莱丢失的消息后，英格兰举国哗然。之后，英格兰人民对玛丽女王的不满达到了顶点，他们都说："看看啊，看看啊，这就是我们的女王！对内，她残酷地镇压自己的子民，对外，她丢失了我们已经经营

1558年1月法兰西人占领英格兰加莱港，弗朗索瓦·爱德华·皮科（Francois Edouard Picot，1786—1868）绘

了200多年的加莱！"在这一系列打击下，本来身体不太好的玛丽女王终于倒下了，而加莱，无异是压垮她的一个重担。

对玛丽女王来说，当她的丈夫抛弃了她，当她的臣民仇视她，她的妹妹和王位的继承人伊丽莎白公主似乎是她唯一可以寻求的慰藉。是的，因为各种重压、各种失望，玛丽女王和伊丽莎白公主之间的矛盾似乎缓和了，至少，在那段时间里，她们见面的次数比以往多了很多。

当伊丽莎白公主前往伦敦拜见玛丽女王时，玛丽女王专门举行了一个盛大的欢迎仪式。后来，玛丽女王更是专程去哈特菲尔德宫看望了伊丽莎白公主。在哈特菲尔德宫，她们一起去看戏，一起去打猎。随着玛丽女王与伊丽莎白公主之间的关系日趋缓和，甚至是逐渐亲密，关注伊丽莎白公主的人也逐渐多了起来。随着玛丽女王的健康状况日益恶化，随着伊丽莎白公主逐渐脱离隐居生活，逐渐走入公众的视野，人们已经开始幻想伊丽莎白公主登基之后的场景了。

我们猜测，在伊丽莎白公主的内心深处，她极有可能希望自己的姐姐玛丽女王早日驾崩，因为这样一来，她不仅能够摆脱姐姐带给自己的压力和痛苦，更能够登上荣誉和权力的巅峰。但根据史料来看，当时的伊丽莎白公主依然安静地住在哈特菲尔德宫，谨慎行事。

比如在那段时间里,瑞典国王曾经派使臣求见伊丽莎白公主,使者是来求亲的,瑞典国王希望伊丽莎白公主能够嫁给自己的儿子。伊丽莎白公主首先便问道:"关于这件事情,你通知过我的姐姐玛丽女王吗?"那个使者说没有。然后,伊丽莎白公主便说:"像这样的事情,你们必须先通知我的姐姐,英格兰的国王陛下。只有当你们征得我姐姐的同意之后,我才愿意考虑这样的事情,否则我不做任何考虑。"

我想,伊丽莎白公主是在等待吧,她在耐心地等待着属于自己的时代,而这个时代即将到来。

驾崩前,玛丽女王一直想洗刷丢失加莱的耻辱,为此,她组建起了一支拥有120艘战舰的舰队,并命令议会准备更多的军需物资。但随着她的突然驾崩,反攻的计划也中止了。

首先获知玛丽女王驾崩的是她的亲信们,得知这个消息后,他们立刻不知所措了。信奉天主教的他们知道,玛丽女王驾崩之后,他们的地位也变得岌岌可危了。而且因为之前他们曾帮助玛丽女王残酷地迫害新教徒,所以新的英格兰国王登基之后,他们可能会被清算,甚至是送上火刑架。因为这些顾虑,他们决定暂时隐瞒住玛丽女王驾崩的消息。

他们知道,虽然信奉天主教的苏格兰玛丽女王和信奉新教的伊丽莎白公主都有资格继承英格兰王位，但现在，真正能够继承英格兰王位必然是伊丽莎白公主，因为苏格兰玛丽女王远在法兰西。他们也知道，他们如果真的妄图迎立苏格兰玛丽女王，阻止伊丽莎白公主登基，那么必须做好失败之后被送上断头台的心理准备。

此外，其实这些人还存有另外一种侥幸心理，那就是伊丽莎白公主的政治主张和宗教政策是否激进。在第一章的时候我便说过，伊丽莎白公主和姐姐玛丽女王极其不同，就拿现在的宗教问题来说，玛丽女王信奉天主教，仇视新教，而伊丽莎白公主，虽然信奉新教，但从来没有对天主教徒表达过敌意。想必读者们还记得，爱德华六世驾崩之后，因为他的葬礼是按照新教礼仪举行的，所以他的姐姐、新的英格兰国王玛丽女王便拒绝出席葬礼。在这方面，伊丽莎白公主更与姐姐玛丽女王不同，她曾经陪着自己的姐姐玛丽女王多次出席按照天主教礼仪举行的庆典，并且在公开场合，在大众面前，表达了自己对天主教的尊重。此外，为了全面地了解天主教、全面地了解罗马教廷的规矩，她还曾经从玛丽女王那里借过一些天主教方面的书籍。当然，伊丽莎白公主这么做并不是为了改信天主教，其实，这正是她的聪明之处。至少，她的这些"努力"保全了她，使她免遭玛丽女王的毒手，让她等到了自己的登基时刻。

第六章 伊丽莎白登基

在此之前，因为各种原因，伊丽莎白公主一直过着半隐居的生活，潜心学习希腊语、拉丁语和哲学，既不参与公众事务，也不表达自己的宗教倾向和政治言论，所以几乎所有人都不能确定将来的伊丽莎白女王会采取什么样的政治路线。因为不确定性，所以所有人都抱有侥幸。因此，几乎所有人都希望伊丽莎白公主尽快登基。

最终，玛丽女王的亲信们得出结论：除把女王陛下突然驾崩的消息报告给上议院之外，他们什么也做不了。于是，他们便立刻把玛丽女王突然驾崩的消息传了出去。获悉玛丽女王驾崩的消息后，管理上议院的上议院大臣立刻穿上华丽、庄重的古式服装来到下议院，向他们宣布君主驾崩的消息。接着是惯例性的片刻沉默，但在那片刻的沉默中，几乎所有议员都在思考着接下来的事情。最后，当他们一致通过请伊丽莎白公主登基的提案后，议会大厅高耸的拱门中响起了欢呼声："愿上帝保佑伊丽莎白女王！愿伊丽莎白女王长久地统治英格兰！愿英格兰王国长治久安！"

之后，按照惯例，议员在威斯敏斯特的王宫门前和伦敦市齐普赛街大十字的公共场所宣布了伊丽莎白公主成为英格兰新国王的消息。听到这个消息后，聚集在此的英格兰人高兴地欢呼了起来，庆祝的钟声此起彼伏，街道上摆满了桌子，准备好了晚上用的篝火和其他照明设施。人们这种自发的庆祝，表明了他们的内心是何等的喜悦。

Te Deum Laudamus 是一首古老的拉丁赞美诗，一直以来，在英格兰和欧洲大陆，遇到盛大的公众欢庆场合，人们都会唱起它。这首赞美诗的开篇便是：啊，上帝，我们赞美你！这一次在得知玛丽女王驾崩、伊丽莎白公主即将登基的消息后，英格兰民众一起唱响了它。

与此同时，英格兰政府立刻派人快速赶到哈特菲尔德宫，把她的姐姐玛丽女王驾崩，以及议会决定请她登基的消息告诉了伊丽莎白公主。这些消息让伊丽莎白公主百感交集：每天压在心头的重担终于消失了，忍受了多年的束缚和危险终于解除了，自己长久以来的梦想终于要实现了。她激动得不能自已，跪在地上，用拉丁语大喊道："上帝，感谢您的恩赐，在我眼中，这一切美妙无比。"

接着，议会的主要成员也赶到了哈特菲尔德宫。即将成为英格兰女王的伊丽莎白公主接见了他们，并当着他们的面，任命威廉·塞西尔爵士为首席国务大臣。

很早以前，伊丽莎白公主就认识塞西尔爵士，而且当伊丽莎白公主身处逆境时，他始终是公主忠实、真诚的朋友。许多情况下，他都是她的私密顾问，即使伊丽莎白公主身处困境时，他们也保持着秘密的通信。毫无

第六章 伊丽莎白登基

疑问，伊丽莎白公主早已下定决定，一旦继承王位，她就会让威廉·塞西尔爵士担任首席国务大臣。

现在，时机终于来了。因此，当着那些议员的面，伊丽莎白女王庄严地宣布了威廉·塞西尔爵士的任命。她宣读道："威廉·塞西尔爵士，现在，我以英格兰女

威廉·西塞尔爵士，绘者信息不详

王的身份，任命你为我的首席国务大臣。我对你的要求如下：第一，你必须忠于我们的国家英格兰；第二，我希望你能时时向我提出最好的建议；第三，如果你觉得某些事情需要私下里与我商讨时，请随时来见我；第四，请务必牢记自己的职责，直言谏上。"

当时，伊丽莎白女王25岁，威廉·塞西尔爵士将近40岁。此后的40年中，学识渊博、能力过人的威廉·塞西尔爵士便一直充当伊丽莎白女王的主要顾问、得力助手。可以说，在伊丽莎白女王执政时期的所有政治事件中，威廉·塞西尔爵士的名字与与伊丽莎白女王的名字密不可分。

玛丽女王驾崩大约一周之后，伊丽莎白女王前往伦敦、去那个属于英格兰君主的城堡和宫殿的行程才安排妥当。一路上，有众多贵族和绅士及他们的夫人陪同。抵达伦敦附近后，她先到了伦敦附近的卡尔特修道院，等待正式、公开进入伦敦塔的准备工作就绪。这次不像之前那一次。这次她将会光明正大地穿过宏伟的大门迈入伦敦塔。最终，在人群的欢呼声中，伊丽莎白女王，强大的英格兰王国的君主，正式迈入了伦敦塔。

接下来便是盛大辉煌的加冕仪式了。当然，在加冕仪式的前一天还有一场盛大的游行。伊丽莎白女王庄重地走进了华丽的双轮战车，战车前面是身穿铠甲的鼓号

第六章 伊丽莎白登基

手和传令官,由贵族、男爵、富绅、贵妇人组成的长长队列伴随着战车的左右。所有人都身着华丽的深红色天鹅绒衣服,马匹也以同样的天鹅绒打扮。

伦敦市民聚集在伊丽莎白女王的车驾即将通过的街道,他们的呐喊声、欢呼声响彻苍宇。在加冕队伍前进的路上,拱门一个接一个地耸立着。拱门上装饰着各种各样奇特巧妙、精致华美的图案。每个拱门旁边都有一个小孩子。每当女王的车驾经过时,小孩子便会用专为这一盛典而作的诗句解释这些图案。

在队伍前进的路上,有一个地方摆着一个模拟的王座,王座上坐着代表伊丽莎白女王的人,王座由几个象

伊丽莎白加冕仪式前的盛大游行,老罗伯特·皮克(Robert Peake the Elder,1551—1619)绘

征着虔诚、智慧、节制、勤劳、诚实等最基本美德的人扶着,而这些人的脚下则踩着迷信、无知、放纵、懒惰和虚伪等恶习。另外一个地方,有一个象征着时间的古代人物,带着他名为"真理"的女儿,从建造精巧的假洞穴中走来。"真理"手拿一本《圣经》,当伊丽莎白女王的车驾经过时,她把《圣经》献给伊丽莎白女王。这个举动意义深远,因为玛丽女王的天主教是阻止普通人传播《圣经》的。最后,游行的队伍来到了市中心,市政府的官员走到伊丽莎白女王的车前,把一个装满金子的手提袋送给女王。这个手提袋又大又重,伊丽莎白女王必须得用双手才能提起它。

在游行中,伊丽莎白女王对所有人都和蔼可亲。当贫穷的妇女走到她的马车前,给她送上鲜花时,她会非常谦逊地收下它。比如,在弗利特街,一位贫穷的妇女送了一枝迷迭香给伊丽莎白女王,伊丽莎白女王把它放在了马车显眼的位置。那一天里,它特别引人注目。还有几次,当有人想和她说话,或者想送她东西时,她便让马车停下来。

第二天,伊丽莎白女王的加冕典礼在威斯敏斯特举行。整个加冕过程中,整栋建筑里回荡着"女王万岁"的呼欢声和呐喊声。仪式进行过程中,伊丽莎白女王遵照礼节,戴上了一枚结婚戒指。它的寓意是:我,英格兰女王伊丽莎白，视这一场加冕典礼为我与英格兰王国的结婚仪式。那天，伊丽莎白女王是英格兰王国的新娘。

伊丽莎白女王加冕礼时所穿的华服——镶有都铎王朝玫瑰图案的貂皮；她蓬松着长发——这既是英格兰女王加冕仪式的传统，也是她童贞的象征。绘者信息不详

在加冕典礼上,伊丽莎白女王说:"从今之后,我不会再嫁给其他人了。"后来,伊丽莎白女王一直戴着这枚戒指,四十多年中从未取下过。

第七章

苏格兰战争

精彩看点

伊丽莎白女王和苏格兰玛丽女王——大获全胜的伊丽莎白女王——家谱中的关系与权利——双方的观点——急需用钱的亨利七世——丰厚的嫁妆——长子早逝——教皇的豁免——亨利八世的第一桩婚姻——离婚与宗教改革——第二桩婚姻——苏格兰玛丽女王的野心——不安的伊丽莎白女王——使者前往法兰西——温和的宗教改革——苏格兰的新教势力——苏格兰内战爆发——犹豫不决的伊丽莎白女王——威廉·塞西尔爵士的谏言——法兰西的使者——法兰西和苏格兰玛丽女王的抗议——双方的海上援军——苏格兰战场上的形势——翘首以盼的敌我双方——海上援军出现——欣喜若狂的法军——从天堂到地狱——《爱丁堡条约》——一项至关重要的条款——苏格兰战争结束——矛盾激化——准备返回苏格兰的苏格兰玛丽女王——苏格兰玛丽女王的请求——伊丽莎白女王的条件——暗斗不休

第七章 苏格兰战争

在历史上，英格兰伊丽莎白女王和苏格兰玛丽女王的名字似乎是紧密联系在一起的：首先，她们是同时代的君主，几乎在同一时期，各自统治着自己的王国；其次，她们是表亲，分别统治的国家——英格兰和苏格兰又是姊妹王国；再次，她们是难以和解的敌人，她们之间的对抗和敌意时而隐蔽、时而公开。

最后，大获全胜的伊丽莎白女王不仅囚禁了苏格兰玛丽女王，而且囚禁她多年之后，伊丽莎白女王更是下令——或者说默许——将苏格兰玛丽女王送上了断头台。

仔细对比，我们便能够发现：苏格兰玛丽女王漂亮、娇柔、可爱，伊丽莎白女王多才、阳刚、相貌平平；苏格兰玛丽女王朴实、真挚、温柔，伊丽莎白女王无情、神秘、虚情假意。冷酷、老于世故的伊丽莎白女王赢得了全世界的掌声。伊丽莎白女王在世的时候，整个世界

伊丽莎白女王

都在颂扬伊丽莎白女王看得见的伟大，却忘记在隐忍、孤独中依然温顺、坚韧的苏格兰玛丽女王。不过，当伊丽莎白女王耀眼的光环和魅力逐渐消逝之后，人们发现，比起伊丽莎白女王的骄傲和权力，苏格兰玛丽女王的美丽和不幸有着更大的魅力。

伊丽莎白女王在世的时候虽然吸引了整个世界的目光，享受着众人的敬仰——那个时候，伦敦、威斯敏斯

苏格兰玛丽女王在英格兰囚禁期间的一幅画像，尼古拉·希利亚德（Nicholas Hilliard，1547—1619）绘

第七章 苏格兰战争

特以及凯尼尔沃思,吸引着人们的注意力,但回顾历史的时候,苏格兰玛丽女王引起了人们更大的兴趣——现在,人们更关注霍利鲁德与利文湖。

想要捋清伊丽莎白女王和苏格兰玛丽女王的矛盾根源,我们还得回溯伊丽莎白女王时期英格兰王室的玉牒,回溯亨利八世的第一、第二桩婚姻。

伊丽莎白女王时期英格兰王室的玉牒清晰明了地展现了伊丽莎白女王和苏格兰玛丽女王之间的亲缘关系,以及她们对英格兰王位的继承顺序。显而易见,只要伊丽莎白女王是亨利八世的合法女儿,那么她便是英格兰王位的合法继承人,那么她继承英格兰王位一事便是合法的——换句话说就是,这样一来,在法律上,伊丽莎白女王的王位便牢不可破。然而,就在这一点上,支持伊丽莎白女王的人和支持苏格兰玛丽女王的人各执一词,而他们争论的核心便是亨利八世与他的第一任妻子阿拉贡的凯瑟琳的婚姻是否有效。

如前所述,在与阿拉贡的凯瑟琳正式离婚前,亨利八世就与安妮·博林结婚了。这样一来,除非亨利八世与阿拉贡的凯瑟琳这场婚姻从一开始就无效,否则亨利八世与安妮·博林的婚姻便是无效的。而如果亨利八世与安妮·博林的婚姻无效,伊丽莎白女王便不能算亨利八世合法的女儿,只能算是私生女,而依照当时的法律,私生女是没有王位继承权的。

伊丽莎白女王的支持者认为,亨利八世与阿拉贡的凯瑟琳的婚姻从根本上就是无效的。可是,苏格兰玛丽女王的支持者认为,罗马教皇的特许是至高无上的,所以亨利八世和阿拉贡的凯瑟琳是合法夫妻,而安妮·博林只能算作情妇。在此,我不得不插叙一下亨利八世和阿拉贡的凯瑟琳的婚姻详情。

一幅佛兰德斯挂毯,生动描述了阿瑟迎娶阿拉贡的凯瑟琳时的场景

第七章 苏格兰战争

我在前面也说过了,在嫁给亨利八世之前,阿拉贡的凯瑟琳是他哥哥阿瑟的妻子,也就是亨利八世的嫂子。在亨利七世的几个孩子中,阿瑟和亨利分别是他的长子和二子。就在长子阿瑟16岁时,亨利七世急需用钱。因此,

亨利七世的长子阿瑟,他肩披红玫瑰和白玫瑰相间的衣领,头戴双花环帽钩的帽子,气质不凡。绘者信息不详

他便计划让长子阿瑟迎娶阿拉贡的凯瑟琳,以此"赚取"一笔丰厚的嫁妆。而阿拉贡的凯瑟琳也的确带来了一笔丰厚的嫁妆——10万先令。然而,婚后不久,年轻的新郎阿瑟便去世了。

对亨利七世来说,长子的早逝既是一个悲伤的家庭灾难,又是一笔巨大的经济损失。按照当时的法律和惯例,长子去世后,他不仅拿不到阿拉贡的凯瑟琳剩下一

亨利七世半身像,绘者信息不详

第七章 苏格兰战争

半的嫁妆,而且还得把之前已经收到的5万先令退回去。最后,亨利七世居然突发奇想,想让自己的儿子亨利八世娶哥哥阿瑟的妻子。虽然基督教国家从未发生过弟弟续娶哥哥遗孀的事情,所有法律也都反对这样的事情,但是阿拉贡的凯瑟琳之父、阿拉贡国王斐迪南二世说:"如果教皇能够特许他们结婚,我就不会反对这件事。不仅如此,而且我也会把剩下一半嫁妆补齐。"最终,罗马教皇真的同意了这件事,可以说,现在是万事俱备,只欠结婚了。可是,亨利七世根本没有等到这一天——亨利八世还没有迎娶阿拉贡的凯瑟琳,他便驾崩了。英

1509年亨利七世在里士满宫中弥留之际的场景,
托马斯·莱奥斯里(Thomas Wriothesley)绘

格兰国王亨利七世驾崩之后，作为他依然在世的长子，亨利八世继承了英格兰王位。继位之后，虽然很多人都认为教皇的豁免不能让之前的那桩婚姻合法，但亨利八世依然迎娶了阿拉贡的凯瑟琳。

婚后，虽然阿拉贡的凯瑟琳一直尽职尽责，没有做什么对不起亨利八世的事情，但后来，移情别恋的亨利八世还是以之前的那些事情为借口抛弃了她，另外娶了安妮·博林。因为亨利八世和阿拉贡的凯瑟琳这桩婚姻是经过教皇特许的，所以如果亨利八世想与阿拉贡的凯瑟琳离婚的话，就必须得到教皇的特许。可是，无论亨利八世多么"努力"，罗马教皇就是不允许他们离婚。最后，一怒之下，亨利八世脱离了天主教，改信了新教，而英格兰也从一个天主教国家转变为一个信奉新教的国家。不过，如前所述，因为安妮·博林已经有了身孕，所以等不及的亨利八世根本没有等到新教的特许，便直接宣布他的第一次婚姻是无效的，然后立刻与安妮·博林结了婚。

再来说一说苏格兰玛丽女王，虽然刚一出生，她便成了苏格兰的女王，但和英格兰的爱德华六世一样，在未成年之前，苏格兰的国政只能委托摄政王处理，只有成年之后，她才能真正亲政。后来，为了躲避苏格兰王国的内部麻烦，也为了接受更好的教育，很小的时候，

亨利八世还未和阿拉贡的凯瑟琳离婚就与安妮·博林坠入爱河。图为他与安妮·博林一起打猎的亲密情景，威廉·鲍威尔·弗里斯（William Powell Frith，1819—1909）绘

伊丽莎白女王

苏格兰玛丽女王便被送到了法兰西。就这样,温柔、漂亮的苏格兰玛丽女王便快乐、自由地在法兰西生活了很多年,16岁的时候,她便嫁给了当时的法兰西王子。我在《玛丽女王》一书中详细讲述了苏格兰玛丽女王的故事,有兴趣的读者可以专门去读一读。

苏格兰玛丽女王与她的第一任丈夫弗朗索瓦,绘者信息不详

第七章 苏格兰战争

在法兰西期间,苏格兰玛丽女王身边也聚起了一个庞大的、有影响力的圈子。前面我便说过,苏格兰玛丽女王信奉天主教,因此,这个圈子里的人都是天主教徒。因为伊丽莎白女王和英格兰信奉新教,所以这些人总想给伊丽莎白女王的统治制造一些麻烦。于是,他们便怂恿苏格兰玛丽女王去继承英格兰的王位。

在这些人的蛊惑下,年轻的苏格兰玛丽女王真的生出了这样的野心。后来,在一些官方场合和公共活动中,她更是擅自使用了英格兰女王的称号,将英格兰王室徽章用于苏格兰的部队,将英格兰王室的纹章标在她的家具和餐具上。

得知苏格兰玛丽女王想争夺英格兰的王位之后,伊丽莎白女王变得不安起来。她知道,短期来看,苏格兰玛丽女王或许威胁不到她的地位,但在英格兰王国内,天主教的势力依然很强大,因为信仰问题,他们更愿意支持苏格兰玛丽女王。这样一来,也许在不久的将来,英格兰便会爆发内乱。因此,为了维护国内的安定,为了维护自己的统治地位,她首先派了一个使者前往法兰西,告诫苏格兰玛丽女王注意言行。然而,使者并没有带回令伊丽莎白女王满意的答复。另外,伊丽莎白女王也清楚,所有的危险都来自英格兰国内的天主教势力。因此,她继续小心、谨慎地推进宗教改革。不过,伊丽

伊丽莎白女王

莎白女王比姐姐玛丽女王和弟弟爱德华六世的高明之处便在于此,她以温和的方式,慢慢地限制、削弱天主教的势力。

与此同时,苏格兰的新教势力也开始发展起来,逐渐具备了与苏格兰天主教势力抗衡的力量。后来,苏格兰的新教徒们自发地组织了起来,准备公开反对苏格兰的摄政王。为了获得援助,他们还专门派人求见了伊丽莎白女王,希望她能够给予支援。

最开始的时候,伊丽莎白女王犹豫不决,难以下定决心。首先,从严格意义上来说,苏格兰的新教徒是叛军,她与英格兰王国怎么能够支持他国的叛军呢?其次,伊丽莎白女王非常节俭,而装备一支舰队、派出一支军队、进行一场战争的花费很大;再次,如果她真的能够支持苏格兰的新教势力,如果苏格兰的新教势力真的能够推翻苏格兰政府,那么她便可以对苏格兰施加影响,甚至操纵苏格兰新教政府;最后,其实,这也可以算作她与苏格兰玛丽女王的斗争,如果她获胜了,那么苏格兰玛丽女王可能便无力"染指"英格兰王座,而如果她失败了,她可能得下台。

和大臣们研究了很长时间之后,伊丽莎白女王决定放手一搏,而且她那位谨慎睿智的顾问威廉·塞西尔爵士也强烈地建议她试一试。威廉·塞西尔爵士曾对伊丽莎白女王说道："尊敬的女王陛下，这场战争的主战场应该是苏格兰，当然，法兰西也可能会成为战场。但无论如何，只要战场不在英格兰，我们便能够获益。"

得知苏格兰玛丽女王已经说动法兰西政府出兵之后，伊丽莎白女王也开始紧锣密鼓地准备派兵事宜。获悉英格兰王国的动作后，法兰西政府和苏格兰玛丽女王震惊不已。他们派使者抗议道："尊敬的伊丽莎白女王，我们都没有想到您居然会支持苏格兰的叛军，这完全不合理！自古以来，英格兰王国和苏格兰王国便亲如姊妹，而现在，身为英格兰女王的您居然要支持苏格兰王国的叛军。"当然，除抗议与谴责之外，使者还带来了法兰西开出的诱人条件。他说："尊敬的伊丽莎白女王，如果您放弃支援苏格兰叛军的话，那么我们法兰西也放弃加莱，把它送给贵国。"

读者们应该还记得，伊丽莎白女王的姐姐玛丽女王正是因为丢失了这个重要的欧洲堡垒而死的。然而，面对如此诱人的条件，伊丽莎白女王依然坚定地答复道："既然苏格兰玛丽女王依然妄图染指英格兰王位，那么我就不得不采取积极措施来保卫我的国家。至于加莱，它不过是一个欧洲大陆的小港口罢了。与英格兰的和平、安全相比，它无足轻重。"

随后，伊丽莎白女王便命一支舰队北上支援苏格兰

伊丽莎白女王

新教徒了,差不多与此同时,法兰西的援军也启程了。现在看来,双方的援军都在争分夺秒了,而且很有可能,谁先抵达,谁便能决定战争的胜负。

而在苏格兰战场上,苏格兰新教军队,或者说苏格兰玛丽女王与苏格兰政府口中的叛军,正艰苦地坚守着他们的阵地。那个时候,苏格兰政府军已经得到了来自法兰西的陆军援军,所以苏格兰新教军队处于劣势。可是,就在这时,伊丽莎白女王派出的英格兰陆军赶到了。

苏格兰战场的苏格兰政府军与法兰西援军,绘者信息不详

第七章 苏格兰战争

英格兰的陆上援军抵达之后，战场形势迅速逆转。英格兰援军从外部发起了攻击，苏格兰新教军队从内部发起了反击，苏格兰政府军和法兰西援军节节败退，最后退到了利斯镇。

利斯镇是一个位于福斯湾南部海岸的古老小镇。它距爱丁堡不远——利斯镇是爱丁堡近海的港口，而爱丁堡则位于其南部，距其约 4 公里，地势也略高于利斯镇。凭借利斯镇坚固的防御工事，苏格兰政府军和法兰西军队固守待援，焦急地等待着法兰西的海上援军。虽然苏

利斯镇遭遇围攻，
绘者信息不详

伊丽莎白女王

格兰新教军队和英格兰援军非常想攻克利斯镇，但因为利斯镇坚固的防御工事，双方谁也奈何不了谁。因此，战到后来，双方都在翘首以盼，盼望着自己一方的舰队早点儿到来。

终于有一天，一片白帆从海平面出现，驶到了福斯湾南部。在看到白帆的瞬间，困于利斯镇的苏格兰政府军和法军欣喜若狂。可是，当舰队驶近后，它们才发现这是英格兰的舰队，是伊丽莎白女王派来的援军。一刹那，喜悦便变成了失望，它们仿佛从天堂跌进了地狱。最终，几乎弹尽粮绝的苏格兰政府军和法兰西军队高高地举起白旗投降了。

苏格兰新教势力和英格兰援军接受了投降，接着，战后谈判在爱丁堡举行。最终，双方签订了《爱丁堡条约》。根据条约，苏格兰新教徒和天主教徒之间的争端解决了，英格兰援军和法兰西的援军也撤出了苏格兰。

不过，《爱丁堡条约》中还有一则至关重要的条款，这则条款规定，只要伊丽莎白女王仍然在世，苏格兰玛丽女王便不得觊觎英格兰王位。对伊丽莎白女王来说，这则条款才是重点。苏格兰玛丽女王的代表们虽然没有当场同意，但还是表达了带回去请苏格兰玛丽女王过目，并敦促她同意的意思。

可是，看到这项条款之后，苏格兰玛丽女王毫不犹

第七章 苏格兰战争

豫地拒绝了。她说:"我本来便拥有英格兰王位的继承权,这是我与生俱来的权利,我为何要放弃!再说了,我本就没打算篡夺伊丽莎白女王的王位,也没想过做任何干扰伊丽莎白女王治理英格兰的事情。既然如此,我是不会放弃我与生俱来的权利的,我是不会放弃我所拥有的英格兰王位继承权的。"

虽然苏格兰玛丽女王拒绝了那项条款,但战争的确已经结束了,双方都不想再启战端。因此,英格兰军队和法兰西军队都撤回了自己的国家。虽然苏格兰战争已经结束了,但伊丽莎白女王和苏格兰玛丽女王之间最大的矛盾并没有得到解决。事实上,矛盾非但没有解决,反倒激化了。

就在此时,苏格兰玛丽女王的丈夫法王弗朗索瓦二世驾崩了,她决定返回苏格兰。动身前,她给伊丽莎白女王写了一封信,请求她允许自己通过英格兰海域。不过伊丽莎白女王坚持要苏格兰玛丽女王先同意《爱丁堡条约》中的那则条款,真正签署《爱丁堡条约》,否则,她是不会同意苏格兰玛丽女王的请求的。苏格兰玛丽女王依然毫不犹豫地拒绝了。接着,她便冒着被英格兰海军拦截的危险出发了。虽然伊丽莎白女王的确派出了舰队,准备在半路拦截苏格兰玛丽女王,但趁着浓雾的掩护,苏格兰玛丽女王还是顺利地返回了苏格兰。此后,虽然英格兰和苏格兰之间没有再发生战争，虽然伊丽莎白女王和苏格兰玛丽女王没有爆发明面上的争端，但她们之间的暗斗一直没有停止过。

第八章

伊丽莎白女王的婚姻问题

精彩看点

童贞女王——一个接一个的求婚者——求婚者的真正目的——伊丽莎白女王的做法——伊丽莎白女王拒绝腓力王子——英格兰人民的不安——议会代表的请求——伊丽莎白女王病重——议会再次上谏——众说纷纭的动机——伊丽莎白女王的情夫——莱斯特伯爵罗伯特·达德利的妻子暴卒——伊丽莎白女王和苏格兰玛丽女王的关系——两位女王的"蜜月期"结束——死心的莱斯特伯爵罗伯特·达德利——莱斯特伯爵罗伯特·达德利秘密结婚——伊丽莎白女王勃然大怒——人到中年的伊丽莎白女王——最后一个追求者安茹公爵弗朗索瓦——安茹公爵弗朗索瓦的使者——伊丽莎白女王的转变——一声枪响——英格兰人民讨厌安茹公爵弗朗索瓦——《发现鸿沟》一书的作者被砍掉右手——安茹公爵弗朗索瓦来到英格兰——盛大的欢迎仪式——伊丽莎白女王的举动——英格兰人惊愕不已——法兰西人的欢庆——伊丽莎白女王反悔——气急败坏的安茹公爵弗朗索瓦——伊丽莎白女王送别安茹公爵弗朗索瓦——尘埃落定

第八章 伊丽莎白女王的婚姻问题

伊丽莎白女王统治英格兰长达45年之久。在英格兰漫长的历史中，伊丽莎白女王统治时期也是英格兰最繁荣昌盛的时代。在位期间，伊丽莎白女王一直没有结婚。因此，直到1603年驾崩时，享年70岁的伊丽莎白女王都是受人尊敬的童贞女王。

伊丽莎白女王一生未婚，并不是因为她缺少爱慕者和追求者。事实上，登基之后的前20年里，她一半左右的时间都"浪费"在了与婚姻相关的计划和斡旋中。那段时间里，欧洲所有适婚的王子和统治者，一个接一个地向她求婚，英格兰王国内的一些高官显贵也费尽心机讨好她、取悦她。当然，他们这么做的真正目的很有可能是权力——他们想分享伊丽莎白女王的权力。

虽然伊丽莎白女王没有答应任何一个求婚者，但和其他女人一样，她也喜欢男人们向她献殷勤——他们的

伊丽莎白女王

做法满足了她的虚荣心，满足了一个女人内心深处对幸福和爱情的渴望。有的时候，伊丽莎白女王甚至会鼓励那些向她示好的人，让他们不要绝望地放弃。有一两次，伊丽莎白女王几乎就要答应求婚者了。可是，在最后的决定时刻，她对权力的野心和欲望总是战胜爱情。是的，

1563年时伊丽莎白女王的全身像，史蒂芬·冯·德·米伦（Steven van der Meulen）绘

第八章 伊丽莎白女王的婚姻问题

比起和丈夫分享英格兰国王的权力,她更愿意做一个"孤家寡人"。

第一个向她求婚的是西班牙的腓力王子,也就是她的姐夫,她姐姐玛丽女王的丈夫。登基之后,伊丽莎白女王便非常得体地派了一位大使前往佛兰德斯,向玛丽

西班牙腓力王子的半身像,提香
(Titian,1488—1576)绘

女王的丈夫腓力王子通知自己的姐姐、他的妻子去世的消息。得知自己的妻子玛丽女王驾崩、伊丽莎白女王登基的消息后,腓力王子立刻给驻伦敦的西班牙大使发去了一份急件,命他代自己向伊丽莎白女王求婚。其实,在英格兰生活期间,腓力王子曾多次见过当时的伊丽莎白公主,而且当伊丽莎白公主被自己的姐姐玛丽女王软禁的时候,他还曾帮她说过很多好话,希望自己的妻子能够放过她。

伊丽莎白女王迅速而坚决地拒绝了这次求婚,她的理由也很充分:"尊敬的王子殿下,你知道的,我们英格兰人大多信奉新教,而你信奉天主教。因此,他们是不会同意我嫁给你的。"伊丽莎白女王清楚地知道,英格兰人才是自己的依靠,而且她也清楚,英格兰人非常讨厌腓力王子,所以她才不会为了这么一个外人而得罪自己的子民呢。

除此之外,还有一个非常重要、非常独特的理由。读者们应该还记得,在结婚之前,亨利八世的第一任妻子阿拉贡的凯瑟琳实际上是自己的嫂子——自己哥哥的妻子,而伊丽莎白女王和腓力王子的情况也非常类似,在此之前,腓力王子是自己的姐夫——自己的姐姐玛丽女王的丈夫。虽然腓力王子说他可以得到教皇的特许,但伊丽莎白女王考虑的是这么一件事:"如果你的

第八章 伊丽莎白女王的婚姻问题

教皇特许可以使我们的婚姻合法化,那么之前我的父王亨利八世和阿拉贡的凯瑟琳得到的特许是不是也同样有效呢?如果教皇特许有效,那么我父王亨利八世和阿拉贡的凯瑟琳之间的婚姻便是合法的了。如果他们之间的婚姻合法,那么,我父王和我母后的婚姻又算什么呢?如果他们的婚姻无效,那么,我还有权继承英格兰王位吗?"因此,小心、谨慎的伊丽莎白女王不会嫁给腓力王子,不会落入这样的陷阱,从而削弱或者否定自己的合法性。

此后的一两年里,伊丽莎白女王又拒绝了另外一些求婚者。虽然英格兰人的确不希望他们的女王嫁给像西班牙腓力王子这样苛刻、无情的暴君,但当他们发现自己的女王根本不想结婚之后,他们开始变得不安起来。他们知道,他们的女王陛下总会离去,如果她不能在驾崩前留下一个毫无争议的继承人,英格兰王国可能会陷入恐怖而无止境的内战。如果伊丽莎白女王真的不结婚,她就无法留下拥有继承权的子嗣。到时候,英格兰的天主教势力可能会支持苏格兰玛丽女王,而英格兰的新教势力可能会支持亨利七世的后裔中信奉新教的人。到了那时,内战当真是难以避免了。

为了避免这样的事情发生,在某次会议结束时,议员小心翼翼地劝谏道:"尊敬的女王陛下,为了您的王国的和平，为了您的子民的幸福安康，我们希望您能选择一个合适的丈夫。"

伊丽莎白女王非常礼貌地做出了答复，非常坚定地拒绝了这个请求。她回答道："我知道你们的好意，因此，我不会怪罪你们任何一个人。不过，在加冕典礼上，我已经说过了，此身已许国，便不能再顾及儿女私情了。当我戴上那枚代表英格兰王国新娘的戒指时，我就说过，从今以后，我不会再嫁给其他人了。"

此后又过了一两年，突然之间，伊丽莎白女王患上了天花，后来生命垂危。伊丽莎白女王生病那段时间，英格兰王国陷入了混乱与恐慌之中，天主教的势力准备迎立苏格兰玛丽女王，新教徒势力则准备拥立亨利七世的女儿玛丽一系的后人——前面提到的珍妮·格雷便属于这一系。就在内战一触即发的时候，伊丽莎白女王康复了，英格兰王国转危为安了。

虽然侥幸躲过了一次危机，但英格兰政府和人民依然心有余悸。于是，议员们再次向伊丽莎白女王谏言。他们恳求道："尊敬的伊丽莎白女王陛下，为了英格兰王国的和平，为了英格兰人民的幸福安康，请您务必选择一个丈夫吧！如果您真的不准备结婚的话，那么，我们恳请您提前选定一个继承人，并以法令的形式确定他（她）的地位。"可是，这两个提议都被伊丽莎白女王

第八章 伊丽莎白女王的婚姻问题

否决了。对此,历史学家们做了种种推测,可是至今,依然没有哪种说法能够服众。

虽然伊丽莎白女王不准备结婚,但实际上,她有自己的情夫。此人叫罗伯特·达德利,后来被伊丽莎白女王封为莱斯特伯爵。罗伯特·达德利与伊丽莎白女王于同一年出生,一些资料更是记载说他们同年同月同日同

莱斯特伯爵罗伯特·达德利,
史蒂芬·冯·德·米伦(Steven van der Meulen)绘

时出生,他是诺森伯兰公爵约翰·达德利的儿子。读者们应该还记得,爱德华六世驾崩时,诺森伯兰公爵约翰·达德利曾密谋拥立珍妮·格雷、阻止玛丽女王继位。

虽然年轻高雅、文质彬彬的莱斯特伯爵罗伯特·达德利已经结婚了,但伊丽莎白女王经常让他留宿宫廷。为了方便他出入宫廷,伊丽莎白女王还任命他为王宫的骑士统领。不过,虽然他是伊丽莎白女王的情夫,但伊丽莎白女王并没有给他多少实权。实际上,伊丽莎白女王统治时期,真正的大权掌握在她的首席国务大臣和主要顾问威廉·塞西尔爵士手中。而冷静、睿智、谨慎的威廉·塞西尔爵士也的确为了英格兰王国的繁荣,为伊丽莎白女王的利益而鞠躬尽瘁。

虽然罗伯特·达德利是伊丽莎白女王的情夫,但伊丽莎白女王似乎并不准备和他结婚。可是就在这时,一件奇怪的事情发生了,莱斯特伯爵罗伯特·达德利的妻子异常暴卒了。当这个消息在伦敦传播开来之后,人们立刻怀疑是莱斯特伯爵罗伯特·达德利谋杀了她,他觉得,除掉自己的妻子后,可以和伊丽莎白女王结婚了。虽然伊丽莎白女王下令彻查此事,但最后,此案还是不了了之。

这件事情让几乎所有的英格兰人都开始讨厌莱斯特伯爵罗伯特·达德利。可是,他和伊丽莎白女王的关系

罗伯特·达德利的妻子艾米·罗布萨特暴卒,威廉·弗雷德里克·伊尔莫斯(William Frederick Yeames, 1835—1918)绘

伊丽莎白女王和她的情夫罗伯特·达德利一起在宫廷里谈情说爱,威廉·弗雷德里克·伊尔莫斯(William Frederick Yeames, 1835—1918)绘

第八章 伊丽莎白女王的婚姻问题

变得更加亲密。不过，他们的关系仅仅是亲密而已，伊丽莎白女王从来没有表达过任何要与莱斯特伯爵罗伯特·达德利结婚的意思。

事实上，有一次，伊丽莎白女王还向苏格兰玛丽女王推荐莱斯特伯爵罗伯特·达德利，想让他做苏格兰玛丽女王的丈夫。自从苏格兰玛丽女王回到苏格兰之后，虽然两位女王之间的矛盾不可调和，敌意根深蒂固，但是她们都清楚自己的明争会造成多大的伤害，所以，她们都在尽可能地掩饰矛盾，有一段时间，两位女王相处的还算和睦，几乎可以称之为朋友了。

苏格兰玛丽女王已经清醒地认识到，只要伊丽莎白女王依然在世，自己就无法成为英格兰的国王，因此，她决定换一种方案。她开始想方设法讨好伊丽莎白女王，并努力改善苏格兰和英格兰的关系。她的真实想法是："我要让伊丽莎白女王把我定为她百年之后的继承人，让英格兰议会同意这个提案，让更多的英格兰人认同我英格兰王位继承人的身份。"

她经常和伊丽莎白女王商量自己的婚姻问题。虽然伊丽莎白女王根本不希望苏格兰玛丽女王结婚，但每次苏格兰玛丽女王征求意见时，她还是会故作认真地思考一番，给出一个看似诚恳的建议。

结果，有一次，当苏格兰玛丽女王再次就自己的婚

伊丽莎白女王

姻问题征求伊丽莎白女王的意见时,伊丽莎白女王向她推荐了莱斯特伯爵罗伯特·达德利。伊丽莎白女王的表现特别真诚。后来,当她看到苏格兰玛丽女王有所反对时,她推荐得更加真诚了。可是,最后,当苏格兰玛丽女王准备同意时,她又收回了自己的建议。从那之后,苏格兰玛丽女王便不再刻意讨好伊丽莎白女王了。没过多久,她就在没有征得伊丽莎白女王同意的情况下和达恩利勋爵亨利·斯图亚特结婚了。

说完苏格兰玛丽女王,再来说一下莱斯特伯爵罗伯特·达德利。最开始的时候,莱斯特伯爵罗伯特·达德

苏格兰玛丽女王和她的第二任丈夫达恩利勋爵亨利·斯图亚特,绘者信息不详

第八章 伊丽莎白女王的婚姻问题

利真的幻想过成为伊丽莎白女王的丈夫。不过，经过长时间的等待后，彻底失望的他终于清醒了。因此，后来，他又娶了另一个妻子。虽然他们是秘密结婚的，但最后，这个消息还是传到了伊丽莎白女王的耳朵里。听到这个消息后，伊丽莎白女王勃然大怒，立刻派人逮捕了莱斯

莱斯特伯爵的第二任妻子莱蒂斯·诺丽斯，乔治·高尔（George Gower，1540—1596）绘

特伯爵罗伯特·达德利,把他关进了伦敦塔。不过后来,她的愤怒、怨恨还是慢慢地消失了。于是,他们的关系再次变得亲密起来。

就这样,到45岁的时候,伊丽莎白女王依然没有结婚。不过,在这20年中,她一直高效地治理着英格兰王国。其实,伊丽莎白女王所处的那个时代,天主教和新教之间冲突不断,整个欧洲都处于一种躁动、混乱的状态中。伊丽莎白女王统治着英格兰小心、谨慎、睿智地处理着这一切——或通过协商、或通过战争。总的来说,伊丽莎白女王的努力卓有成效。在她统治的20年里,英格兰发展迅速,国泰民安。

45岁的伊丽莎白女王已经人到中年。这样一来,她的追求者们也就越来越少了。到最后,只有一个人还在坚持,这个人就是法兰西王子安茹公爵。安茹公爵叫弗朗索瓦,时年20岁。他的哥哥便是当时的法王亨利三世——登基前,亨利三世是上一届安茹公爵。17岁的时候,作为阿朗松公爵的他首次向伊丽莎白女王求婚。读者们或许会疑惑,弗朗索瓦要比伊丽莎白女王小25岁,他为什么那么执着地追求伊丽莎白女王呢?

其实,这一切都是他的母亲凯瑟琳·德·美第奇的计划。凯瑟琳·德·美第奇是曾经的法兰西王后,现在的法兰西王太后。她才华出众、能力过人,是一位杰出

第八章 伊丽莎白女王的婚姻问题

的女性。凯瑟琳·德·美第奇的计划是让她的一个儿子成为法兰西国王,另一个儿子成为英格兰国王。不过,阿朗松公爵弗朗索瓦的第一次求婚不出意外地失败了,因此,她的计划搁置了一段时间。后来,到了1581年,当安茹公爵弗朗索瓦23岁,伊丽莎白女王48岁的时候,

安茹公爵弗朗索瓦,弗朗西斯·克卢埃(Francois Clouet,1520—1572)绘

又开始催促让儿子行动了。实际上，安茹公爵弗朗索瓦这时已经快要失望了。其实也不能怪他着急与失望，毕竟伊丽莎白女王已经 48 岁了，他如果不能在短时间内求婚成功，可能就要永远地失去这个机会了。

其实，安茹公爵弗朗索瓦还从未见过伊丽莎白女王本人，只从画像上了解过她。不过，最终，他还是派了一个使者前往英格兰，代表他向伊丽莎白女王表达自己是多么仰慕她，想向她求婚。这个使者叫斯米尔，是个温文尔雅、彬彬有礼的人，而且他知道如何引起伊丽莎白女王对安茹公爵弗朗索瓦的兴趣。慢慢地，伊丽莎白女王真的开始对安茹公爵弗朗索瓦感兴趣了。

就在此时，某天，正当伊丽莎白女王带着斯米尔和其他随从乘船游览泰晤士河时，一声枪响，伊丽莎白女王所乘驳船的一个船夫受伤了。当时，所有人都很恐慌，几乎所有人都认为这发子弹本来是冲着伊丽莎白女王射来的。后来，经过调查，人们发现，射出子弹的凶手是莱斯特伯爵罗伯特·达德利的人，他的目标是安茹公爵弗朗索瓦的使者斯米尔。而莱斯特伯爵罗伯特·达德利之所以这么做，是因为嫉妒斯米尔，讨厌法兰西的安茹公爵弗朗索瓦。

其实，不仅莱斯特伯爵罗伯特·达德利讨厌安茹公爵弗朗索瓦，随着伊丽莎白女王对安茹公爵越来越感兴

第八章 伊丽莎白女王的婚姻问题

趣,英格兰人也开始越来越讨厌他。英格兰人之所以不喜欢这个年轻人,一是因为他是法兰西人,二是因为他是天主教徒。后来,英格兰国内开始流传一本书,该书名为《发现鸿沟》,副标题则是"除非上帝显灵,让人识破来自法兰西的邪恶,否则英格兰即将被法兰西人蓄意的求婚而吞并"。最后,这本书的作者被砍掉了右手。

虽然国内反对的声音此起彼伏,但最后,伊丽莎白女王还是决定与安茹公爵弗朗索瓦结婚,两国的使者已经商量好与联姻有关的政治条款及个人条款,甚至商定好了结婚的日期——6个星期之后。

作为新郎的安茹公爵弗朗索瓦终于踏上了英格兰的土地。为了迎接安茹公爵弗朗索瓦,伊丽莎白女王安排了豪华、隆重的欢迎仪式,为他和他的随从安排了极其奢华、数不胜数的庆典、宴会。在一次宴会上,伊丽莎白女王更是当着众人的面,亲手给安茹公爵弗朗索瓦戴上了一枚戒指。通过这个举动,她正式向公众宣布,她与安茹公爵弗朗索瓦的婚礼已经十分确定了。这个消息飞速地传开了。在英格兰,人们惊愕、忧虑,而在法兰西,人们则欢乐地庆祝起来,敲响了庆祝的钟声,点燃了庆祝用的篝火,高高地挂起了彩灯。

万事俱备,只欠东风,现在看来,伊丽莎白女王和安茹公爵弗朗索瓦只剩下最后一步了,那就是步入婚姻的殿堂。但就在最后时刻，伊丽莎白女王反悔了。某天早上，她派人请来安茹公爵弗朗索瓦，与他密谈了好久。我们并不知道他们究竟谈了些什么，他们之间究竟发生了什么。不过，走出伊丽莎白女王的宫殿后，安茹公爵弗朗索瓦怒气冲冲地取下了之前伊丽莎白女王给他戴上的戒指，把它远远地扔了出去，气急败坏地咒骂女人的变化无常、言而无信。

虽然安茹公爵弗朗索瓦扔掉了伊丽莎白女王的戒指，但伊丽莎白女王依然不愿意承认联姻已经终止；虽然安茹公爵弗朗索瓦失态了，但伊丽莎白女王仍然礼貌地对待他，还给了他很多殊荣。后来，当安茹公爵弗朗索瓦决定返回欧洲大陆时，伊丽莎白女王专门送了他一程，陪他来到了海岸边。据说，分别的时候，伊丽莎白女王很是伤感，还说自己希望安茹公爵弗朗索瓦尽快回来。虽然安茹公爵弗朗索瓦做了肯定的答复，但离开英格兰之后，再也没有回来。

现在，所有人都觉得，从此以后，伊丽莎白女王真的不会再考虑结婚的事情了。

第九章

伊丽莎白女王的多张面孔

精彩看点

自负的伊丽莎白女王——大使的谎言——得意忘形的伊丽莎白女王——大使如实回答——肖像风波——伊丽莎白女王被嫉妒支配——真诚的侍女——伊丽莎白女王棒打"鸳鸯"——苏格兰玛丽女王逃到英格兰——伊丽莎白女王软禁苏格兰玛丽女王——预防叛国罪的法律——苏格兰玛丽女王被处决——伊丽莎白女王的真实想法——自信、勇敢的伊丽莎白女王——驳船上的枪声——处变不惊的伊丽莎白女王——没什么实权的情夫——会客厅里的争吵——莱斯特伯爵罗伯特·达德利出现——膨胀的莱斯特伯爵罗伯特·达德利——鲍耶的态度与做法——勃然大怒的伊丽莎白女王——有所收敛的莱斯特伯爵罗伯特·达德利——治国之大才——英格兰"巨轮"的舵手——不断前进的英格兰

第九章 伊丽莎白女王的多张面孔

伊丽莎白女王虽然相貌平平，但似乎对自己的美丽特别自负。比如，有一次，当苏格兰玛丽女王的某位大使来到英格兰后，她便问道："我和贵国的玛丽女王谁更美呢？"那个时候，伊丽莎白女王已经超过30岁了，而苏格兰玛丽女王刚刚22岁，而且苏格兰玛丽女王的美丽可是享誉欧洲大陆的。从这里，我们便可以看出，对自己的美丽，伊丽莎白女王是何等自信或者自负了。

在回答这个问题的时候，大使很谨慎。他尝试着避开这个问题，但伊丽莎白女王不允许他这么做，于是，他只能回答道："您和我国的玛丽女王都很美丽。"

不过这个答案并不能让伊丽莎白女王满意，她要大使回答一个更加明确的答案。过了一会儿，聪明的大使说道："女王陛下，您是英格兰最美丽的人，而我们的玛丽女王陛下是苏格兰最美丽的人。"

然而，这个答案依然不行，伊丽莎白女王命大使必须说明她们谁更漂亮。最后，大使不得不撒了一个谎，他说道："虽然我国的玛丽女王非常漂亮，但您的魅力更大。"

听到这个答案后，伊丽莎白女王很高兴。之后，她似乎有点得意忘形了，接着问了一个看起来很愚蠢的问题："那么，我和她相比，谁更高呢？"

当时的人都知道，在身高上，苏格兰玛丽女王明显高于伊丽莎白女王。因此，这次，这个大使只能如是说道："在身高上，我国的玛丽女王更高。"

接着，伊丽莎白女王说道："是的，不过，她的身高有点高了，我这样的身高才刚刚合适。"

另外，伊丽莎白女王在位期间，有那么一段时间，人们雕刻、印刷了一些她的肖像并发行。这些肖像完全是按照伊丽莎白女王本人的样貌雕刻的，非常真实。看到这些肖像后，伊丽莎白女王恼羞成怒。她命人发布了非常严厉、正式的公告，制止了这一行为。除禁止民间制作、发行伊丽莎白女王的肖像之外，这个公告还宣布道：我们尊敬的伊丽莎白女王陛下计划在未来某个合适的时间，找到合适的画师，绘出她最正确、最真实的样子。

除对自己的相貌自信到自负之外，伊丽莎白女王还特别嫉妒那些生活比她幸福的人。一般来说，在独自生活的时候，未婚女子总是会被善良、仁爱的精神深深感

1585年时的伊丽莎白女王,威廉·西格
(William Segar,1554—1633)绘

染，会在帮助他人的过程中获得快乐、满足。可是伊丽莎白女王不同于此。前面我也说了，因为独霸英格兰王权的野心，她终身未婚。与此同时，她的内心也被嫉妒支配了。她经常利用手中的权力阻挠、干涉他人的婚姻，似乎能够从中获得快乐一般。比如，伊丽莎白女王经常习惯性地询问宫廷的年轻女子，一般都是她寝宫的侍女，是否想结婚。这些侍女们非常圆滑，知道什么样的答案能取悦伊丽莎白女王，所以总是立刻做出否定回答："不！我（我们）根本没有考虑过结婚这种事。"

可是有一次，一个新来的侍女——一个真诚、朴实的年轻女孩——坦露了自己的心声："我经常想这件事，如果我的父亲同意我和我所爱的男子结婚，我会非常高兴。"听到这个与众不同的回答后，伊丽莎白女王说："嗯，过段时间，我找你的父亲谈一谈吧。"

不久之后，伊丽莎白女王真的召来了女孩的父亲，专门向他提及了此事。父亲诚惶诚恐地说道："尊敬的女王陛下，我以前真不知道她有这样的想法。不过，如果陛下您有什么命令，我一定毫不犹豫地遵从。"

伊丽莎白女王满意地说道："那么好吧，她的婚姻大事，就交给我来做主吧！"

然后，伊丽莎白女王便命人叫来了那个侍女，并告诉她说："你的父亲完全赞同你的想法。"听到这样的

第九章 伊丽莎白女王的多张面孔

话之后，那个侍女非常高兴，内心仿佛有一头小鹿在撞来撞去。但就在这时，伊丽莎白女王再次开口说道："不过，你要真的想嫁人的话，你就得先让我开心才行。因为你的父亲把你的婚姻大事交给我来决定了，如果我不高兴，你永远都别想嫁出去了。小家伙，你可真够愚蠢，居然那么轻易地暴露了你的真实想法。现在，你别想逃出我的手掌心了。"

读者们应该还记得，在前面的章节中我曾说过，苏格兰玛丽女王是伊丽莎白女王最大的竞争对手之一。其实，回国之后没几年，苏格兰玛丽女王便被苏格兰人民废黜了。后来，为了保住性命，她逃到了英格兰，去投奔她的表姑伊丽莎白女王。

不过，逃到英格兰之后，迎接她的不是盛大的欢迎仪式，而是无情的软禁。读者们应该还记得，在此之前，苏格兰玛丽女王曾经想夺取伊丽莎白女王的英格兰王位。在英格兰，妄图篡夺王位的人会被判以叛国罪，所以，苏格兰玛丽女王刚到英格兰，伊丽莎白女王便指使人控诉她。面对叛国罪的指控，苏格兰玛丽女王辩解道："那个时候我还不是英格兰女王伊丽莎白陛下的子民。"最后，考虑到苏格兰玛丽女王已经处于自己的控制之下，难以对自己造成实质性的威胁，所以伊丽莎白女王没有处死她，而是命人把她软禁了起来。

不过，一切都没有那么简单。如前所述，那个时候的欧洲处于动荡不安的状态之中，天主教与新教之间激烈地斗争着。在这样的时代大背景下，仇视英格兰、仇视伊丽莎白女王的天主教势力自然想推翻伊丽莎白女王的统治，把苏格兰玛丽女王推上英格兰的王座。因此，推翻伊丽莎白女王、拥立苏格兰玛丽女王为英格兰女王的阴谋、计划此起彼伏。树欲静而风不止，因为这些阴谋，伊丽莎白女王和苏格兰玛丽女王之间的关系也越来越僵。后来，在不断镇压叛乱、扼杀阴谋的过程中，伊丽莎白女王及英格兰政府的耐心逐渐耗尽。于是，他们通过了预防叛国罪的法律。法律规定：如果有人在英格兰王国内密谋叛乱，即使他（她）不是英格兰子民，英格兰王国也有权判处其叛国罪。很明显，法律在针对、或者部分针对苏格兰玛丽女王。最后，当又一起拥戴苏格兰玛丽女王、反对伊丽莎白女王的阴谋被扼杀之后，英格兰政府审判了苏格兰玛丽女王，并以叛国罪的罪名处决了她。

在是不是要处决苏格兰玛丽女王的问题上，伊丽莎白女王先是非常正式地签下了书面授权书，同意把自己的表侄女，身体里流淌着亨利七世的鲜血，有英格兰王位继承权的苏格兰玛丽女王送上断头台。但当苏格兰玛丽女王真的被处决之后，她又故作惊讶、愤怒，还惩罚

第九章 伊丽莎白女王的多张面孔

了按照她的意愿处决了苏格兰玛丽女王的人,又向英格兰人、苏格兰人和法兰西人表达了悔恨之情。

我们现在已经无法确定当时伊丽莎白女王的真实想法了。不过,很多人都觉得她的这种做法是在表演,是为了防止或者减少苏格兰玛丽女王的支持者对她的报复。那些人认为,伊丽莎白女王一贯擅长装模作样,会利用自己的聪明才智来掩饰真实想法。

作为一个普通人,伊丽莎白女王有诸多缺点,但作为一个国家的君主,她无异是合格的。首先,我想讲君主两件小事。这两件小事表明,伊丽莎白女王非常自信、非常勇敢。

伊丽莎白女王在位时,某段时间里,英格兰国内政治热潮高涨。伊丽莎白女王的支持者们认为:"在这种情况下,为了保证安全,女王陛下应该减少外出,避免在公众场合露面。"可是,伊丽莎白女王不这么认为,她说:"我相信我的子民,我相信英格兰人不仅不会伤害我,还会保护我。"

读者应该还记得前面章节提到的那声枪响吧。那个时候,伊丽莎白女王正乘坐着一艘驳船在泰晤士河上顺流而下。当枪声传来之后,她的许多大臣都认为有刺客。不过,伊丽莎白女王处变不惊,命驳船继续前进,仿佛什么都没有发生一样。

此外,在我看来,伊丽莎白女王有一点很了不起,那就是她能够分得清公私轻重。

读者们如果记得伊丽莎白女王的情夫莱斯特伯爵罗伯特·达德利,那么应该还记得,虽然伊丽莎白女王很喜欢他,但她并没有给他什么实权,只是任命他为王宫的骑士统领。下面这个故事也发生在伊丽莎白女王和莱斯特伯爵罗伯特·达德利之间。

在伊丽莎白女王生活的时代,几乎所有的贵族都居住在城堡、别墅里。一般来说,城堡、别墅的最中间是会客厅。会客厅里安排着接待的侍者、仆人。有些侍者、仆人的级别还很高。曾经有一次,在伊丽莎白女王所住行宫的会客厅里,一个船长有点失礼了。这时,一个叫鲍耶的黑杖卫士——伊丽莎白女王会客厅里的高级侍者——说了他几句。这个船长很骄傲——他是莱斯特伯爵罗伯特·达德利的人,深得莱斯特伯爵罗伯特·达德利宠信。于是,他便和鲍耶争吵了起来,甚至出口威胁黑杖卫士。

就在此时,莱斯特伯爵罗伯特·达德利出现了。看到他们在争吵,他不问青红皂白便站在了自己人一边,还说鲍耶是个无赖,要革除鲍耶的职务。这时,莱斯特伯爵罗伯特·达德利可谓自信满满。他觉得,作为伊丽莎白女王众所周知的情夫,在英格兰王国,他应该处于

第九章 伊丽莎白女王的多张面孔

一人之下、万人之上的位置。他觉得,当他表态、威胁后,鲍耶立刻低声下气地求饶。

可是,鲍耶不仅没有这么做,还去求见了伊丽莎白女王。为了避免莱斯特伯爵罗伯特·达德利在伊丽莎白女王面前搬弄是非,先一步跪在伊丽莎白女王面前,向她讲述了事情的前因后果。之后,鲍耶谦卑地问道:"尊敬的女王陛下,您希望我怎么做,我完全服从您的命令。"

其实,鲍耶这么做还有一个目的,那就是他想提醒伊丽莎白女王,究竟谁才是英格兰的国王,英格兰王国的权力应该由谁行使。听完事情的来龙去脉后,伊丽莎白得知自己的情夫莱斯特伯爵罗伯特·达德利居然蛮横地威胁自己的仆人,还想行使国王的权力,革除自己仆人的职务。伊丽莎白女王勃然大怒,严厉地训斥了莱斯特伯爵罗伯特·达德利。后来,打发走鲍耶之后,她还警告莱斯特伯爵罗伯特·达德利:"如果鲍耶发生任何不测,我一定会让你说个明白!"

此后,莱斯特伯爵罗伯特·达德利再也不敢恣意妄为了。后来,伊丽莎白女王的一个大臣说道:"女王陛下的话镇住了他,之后的那段时间里,他假装出来的谦卑也算是他的一种美德。"

虽然我们无法完全说清伊丽莎白女王的其他性格,但我们可以确定这么一点,在治理国家方面,伊丽莎白

伊丽莎白女王

女王才华出众、智慧过人。她的谨慎坚毅与旺盛的精力巧妙地结合起来，小心翼翼地驾驶着英格兰这艘"巨轮"，行驶在波涛汹涌的历史之海中。在此期间，暴风、骤雨、海浪不断袭来，但她总能巧妙地化解一切灾难，保证英格兰"巨轮"的前进。伊丽莎白女王时代，英格兰在艺术、商业和其他各个方面的进步是巨大的。

总而言之，伊丽莎白女王既是伟大的，又是渺小的，我们可以蔑视她渺小的一面，但我们更应该敬仰她伟大的一面。

第十章

西班牙无敌舰队

精彩看点

尼德兰起义——伊丽莎白女王暗中支持——唇亡齿寒——伊丽莎白女王的决定——陆军指挥官莱斯特伯爵罗伯特·达德利——伊丽莎白女王的告诫——激动的尼德兰人民——莱斯特伯爵罗伯特·达德利被召回英格兰——海盗弗朗西斯·德雷克爵士的环球航行——"海盗天堂"——俘获运宝船——环球航行——回到英格兰——欢迎仪式——伊丽莎白女王的嘉奖——英格兰和西班牙开战——双方实力对比——商人的援助——偷袭卡迪斯——烧焦了西班牙国王的胡须——西班牙出兵——英格兰海军的集结地——伊丽莎白女王巡视大营——伊丽莎白女王的演说——弗朗西斯·德雷克爵士的胜利——规模庞大的无敌舰队——出人意料的战局——陆地上观战的人——火攻——无敌舰队残部回到西班牙

第十章 西班牙无敌舰队

大约在 1585 年的时候，伊丽莎白女王接到了西属尼德兰的求助。

在说这件事之前，我需要先插叙一下时代背景。如前所述，伊丽莎白女王统治时期，欧洲的天主教势力和新教势力争斗不断。那个时候，西班牙国王腓力二世可以说是天主教势力的共同首领。为了维护天主教，他以最严厉、最残忍的手段清除着异端，每年都要处决很多人，并把更多的人关进监狱。

尼德兰是属于西班牙的一块肥地。西班牙位于欧洲西南部，而当时的尼德兰（现在的荷兰和比利时）则位于欧洲西北部，那里的居民多信仰新教。因为信仰问题，西班牙国王腓力二世对他们进行了残酷的迫害。哪里有压迫，哪里就有反抗，所以那里的居民爆发了反对西班牙政府的起义。

伊丽莎白女王

尼德兰人反抗西班牙政府的起义,亨德里克·科尼利兹·弗鲁姆(Hendrick Cornelisz Vroom,1562—1640)绘

伊丽莎白女王虽然没有公开支持尼德兰起义,但在私底下一直秘密地支持。在内心深处,伊丽莎白女王希望起义能够成功,因为她很清楚,如果腓力二世镇压了尼德兰起义,消灭了国内的新教势力,那么他的下一个目标一定是英格兰。

尼德兰区的求助使者提出,如果伊丽莎白女王可以公开支持他们,帮助他们抵挡西班牙军队,他们将请伊丽莎白女王做他们国家的主权女王。因为尼德兰的情况比较紧急,所以使者最后热切,或者说迫切地请伊丽莎白女王考虑一下他们的建议。

第十章 西班牙无敌舰队

虽然伊丽莎白女王极其渴望把自己的权力延伸到那里，把尼德兰收入囊中，但她知道，如果真的接受了他们的建议，那么英格兰和西班牙必有一战。只要她公开支持尼德兰起义，西班牙国王腓力二世便会将其看作英格兰的宣战。这样一来，英格兰王国便不得不与西班牙——现在这个全球势力最强大的国家——对抗了。可是她更知道，如果不支持尼德兰起义、放任腓力二世镇压，那么平定国内起义之后，腓力二世必然会把目光投向英格兰，到时候，英格兰就危险了。而且伊丽莎白女王还看到，如果英格兰能够占有尼德兰，或者与尼德兰结成攻守同盟，在英格兰与西班牙战争中，英格兰将会占据地理优势。

最终，伊丽莎白女王决定，不接收尼德兰的主权，而是与尼德兰订立共同防守盟约，派出一支海军舰队和一支陆军部队去帮助他们。最后，正如伊丽莎白女王所料的那样，一场全面战争爆发了。

为了支援尼德兰起义，伊丽莎白女王命莱斯特伯爵罗伯特·达德利指挥陆军前往尼德兰，命弗朗西斯·德雷克爵士指挥海军舰队驶入大西洋。读者们应该还记得，在此之前，虽然伊丽莎白女王给予了莱斯特伯爵罗伯特·达德利诸多荣誉，但实际上，他手中并没有多少实权。不过这次，伊丽莎白女王觉得他该出去承担一些责任了。

于是,他便接受了这一任命。在出发前,伊丽莎白女王给他下达了多条禁令,命他忠于职守、谨慎行事,任何情况下都不能有损她的利益和荣誉。

因为尼德兰区的居民非常渴望取悦盟友伊丽莎白女王,所以他们决定以最宏大的阅兵游行来迎接莱斯特伯

时任英格兰赴尼德兰区的陆军指挥官莱斯特伯爵罗伯特·达德利脱离了伊丽莎白女王的控制后表现得恣意妄为,图为他在马背上的形象,绘者信息不详

爵罗伯特·达德利，给予他——伊丽莎白女王派来的军队指挥官——最高的荣誉。之后，他们更是在议会上一致决定，授予他作为政府首脑的绝对领导权。

这样看来，虽然伊丽莎白女王谢绝了尼德兰人提出的建议，但他们又把准备赠予伊丽莎白女王的权力和荣誉交给了莱斯特伯爵罗伯特·达德利。得到了这些权力、拥有了这些荣誉之后，莱斯特伯爵罗伯特·达德利高兴得有些得意忘形了，虽然没有国王之名，但他还是给自己准备了只有国王才配拥有的一切。比如，他给自己安排了堪比国王规格的车驾，组建了一支堪比王室护卫的贴身卫队。再比如，无论走到哪里，他都表现出一副国王的姿态。就这样，他顺风顺水地摆了一段时间的国王谱。可是，突然有一天，伊丽莎白女王的使者赫尼奇到了。他给莱斯特伯爵带来了伊丽莎白女王的信。

在信中，伊丽莎白女王写道："这段时间，你的所作所为是多么愚蠢！我没有想到，你居然敢蔑视我的权威，你难道忘记我是如何把你从尘埃里提拔起来的吗？你难道忘记我给予你的诸多恩赐了吗？我没想到你敢忘记我的告诫，玩忽职守！现在，我命令你，把你手中的权力交给带去这封信的使者，完全按照他的命令行事，不得有误！"

接到这封信之后，莱斯特伯爵罗伯特·达德利立刻

"被打回了原形",他立刻变得谦卑起来,不断认错、道歉、请求原谅。可是,因为这段时间的所作所为,尼德兰人已经开始讨厌他。所以,不久之后,莱斯特伯爵罗伯特·达德利便被召回了英格兰。不过,回到英格兰后不久,伊丽莎白女王便原谅了他,他们的关系再次恢复如初。

与莱斯特伯爵罗伯特·达德利相比,统率海军舰队的弗朗西斯·德雷克爵士则更加成功。他率领舰队横渡大西洋,袭击了西班牙在新大陆的殖民地,到处劫掠,如风卷残云一般抢走西班牙人的财富,留下满地狼藉之后扬长而去。虽然他被英格兰人民鼓吹为英雄,但是实际上,他这种行为是不折不扣的海盗行为,即使按照英格兰的法律,他也应该被送上绞刑架。但因为他的行为得到了伊丽莎白女王的特许,加之他的行为有益于英格兰,所以英格兰人也就睁一只眼闭一只眼了。

在讲述弗朗西斯·德雷克爵士的战绩之前,我想先说一件更有意义的事情——继麦哲伦完成首次环球航行之后,弗朗西斯·德雷克爵士驾船完成了第二次环球航行。而且与麦哲伦中途死于菲律宾不同,弗朗西斯·德雷克爵士从头到尾都在指挥着这次环球航行。

其实,弗朗西斯·德雷克爵士一开始并没有想着进行环球航行,他的目的只是劫掠西班牙的财富。那

第十章 西班牙无敌舰队

次,他率领着五艘小帆船——最大的排水量也不过 100 吨——勇敢地驶入了茫茫的大西洋。在一望无际的海上航行了 55 天后,他们一行终于成功穿越了大西洋,抵达了南美洲东海岸。接着,弗朗西斯·德雷克爵士率领队伍继续南下,向麦哲伦海峡前进。在航行的过程中,

伊丽莎白女王召见弗朗西斯·德雷克爵士,绘者信息不详

177

他发现五艘船中的两艘太小了，几乎没有什么用处。于是，他便命那两艘帆船上的船员转移到其他船上。

　　船队进入大西洋的南部海域后，弗朗西斯·德雷克爵士以自己的大副托马斯·道蒂犯了船队纪律为由，判处了死刑，并准备在麦哲伦海峡执行。在被处死前，船员们为不幸的托马斯·道蒂举行了圣餐礼，弗朗西斯·德雷克爵士也参加了托马斯·道蒂的圣餐礼。关于托马斯·道蒂的死因，有些人认为，在船队中，托马斯·道蒂根本没有犯什么错误，他之所以会被处死，是因为他曾在英格兰王国内和其他人一起传播不利于莱斯特伯爵罗伯特·达德利的"谣言"——为了娶现在的妻子，莱斯特伯爵罗伯特·达德利设计杀害了他妻子的前夫第一代埃塞克斯伯爵沃尔特·德弗罗。在这次航行前，莱斯特伯爵罗伯特·达德利专门找到了弗朗西斯·德雷克爵士，要求他在航行中找个机会除掉托马斯·道蒂。

　　穿过麦哲伦海峡后，弗朗西斯·德雷克爵士的船队遭遇了可怕的暴风雨。最后，弗朗西斯·德雷克爵士的船与其他两艘帆船走散了。幸运的是，在无边无际、不辨路径的太平洋航行了一段时间之后，弗朗西斯·德雷克爵士终于发现了陆地。

　　弗朗西斯·德雷克爵士驾驶着自己的船，沿着海岸线继续向北航行。最后，他来到了一个对他来说可以称之为天堂的地方——那个地方到处都是西班牙船和西班牙商人，而且这些人毫无戒心。或许，西班牙商人觉得，英格兰人怎么可能会出现在如此遥远的海域呢。就这样，来到这里后，弗朗西斯·德雷克爵士如鱼得水，大肆劫掠了一番。

据说，有一次，弗朗西斯·德雷克爵士发现有个西班牙人在岸边睡觉，他的身旁有一个箱子，箱子里有30根价值不菲的银条。弗朗西斯·德雷克爵士和同伴拿走了银条，而直到他们驾船离去，那个西班牙人都没有醒，由此便可看出那里的西班牙人是多么掉以轻心了。还有一次，在一个港口，弗朗西斯·德雷克爵士发现了三艘无人看守的空船。或许是认为周围不可能存在什么危险，所以三艘船上的船员都上岸了。弗朗西斯·德雷克爵士带人闯进了空无一人的船舱，拿走了六十块银块——每块银块都有7.5千克重。来到这个"海盗天堂"之后，他不费一枪一炮就获得了巨额财富，并且这些财富都是价值连城的真金白银。

后来，他听说西班牙的一艘船准备载满财宝驶向巴拿马，先把财宝送到美洲，再转送回西班牙。于是，弗朗西斯·德雷克爵士立刻驾船追赶那艘运宝船。等到那艘船进入自己船上大炮的射程之后，他立刻命令船员开炮。其中一发炮弹直接打中了运宝船的前桅，导致运宝船无法借助风力航行。俘获了这艘运宝船后,弗朗西斯·德雷克爵士抢到了大量财富——大量珍珠、大量价值不菲的宝石、十三箱银币、多到足以压舱的银条及将近30千克的黄金。

不过,就在弗朗西斯·德雷克爵士满载财宝,志得意满地准备原路返回时,远在欧洲的西班牙政府也得知了他在太平洋大肆劫掠西班牙人的消息。得知消息后,

时任英格兰赴尼德兰海军舰队指挥官弗朗西斯·德雷克爵士勇猛无敌,战功赫赫,图为他的半身像,亨利·博恩(Henry Bone,1755—1834)绘

第十章 西班牙无敌舰队

西班牙政府反应迅速，一些西班牙战舰已经南下，来到了麦哲伦海峡，准备在此拦截返程的弗朗西斯·德雷克爵士一行。进退两难之际，喜欢冒险的弗朗西斯·德雷克爵士决定继续向前航行，穿越太平洋，环绕全球后返回英格兰。于是，勇敢的弗朗西斯·德雷克爵士率领自己的水手们，驾驶着那艘小帆船，穿越了宽广无垠的太平洋，抵达了东印度群岛，之后又横渡印度洋，绕过好望角，平安、顺利地回到了阔别三年的英格兰。

当他那艘满载财富的小船回到英格兰、驶入泰晤士河时，早就听闻了他的事迹、对其敬佩不已的英格兰人已经密密麻麻地聚集在了泰晤士河两岸。因为他那艘帆船上装满了一路劫掠来的金银和其他财富，吃水很深，难以靠岸。所以，英格兰人专门修建了一座小桥，齐心协力把小船拉上了岸。帆船上岸之后，几乎所有的英格兰人都凑到了那艘创造奇迹的小帆船前。后来，当船上的财宝取下之后，这艘帆船被打造成了一个举办宴会和庆典的地方。

完成环球航行壮举，并带回大量财富之后，伊丽莎白女王不仅赐予了弗朗西斯·德雷克贵族身份——弗朗西斯·德雷克从此成了成了"弗朗西斯·德雷克爵士"，还亲自登上他的船参加了庆典。后来，伊丽莎白女王任命弗朗西斯·德雷克爵士为舰队司令。

不过，在说完这位航海英雄的壮举之后，我还想插叙一件航行途中的小事。在返程途中，弗朗西斯·德雷克爵士大度地放过了一艘西班牙商船。为了答谢弗朗西斯·德雷克爵士，西班牙商人送给他一个漂亮的黑人姑娘。最开始的时候，弗朗西斯·德雷克爵士很高兴地收下了她，留她在船上生活了一段时间。可是后来，在经过某个小岛时，他毫无人性地抛弃了这个姑娘，把她独自一人留在了小岛上。在伊丽莎白女王时代，这种行为颇受谴责。

1581年，弗朗西斯·德雷克爵士完成环球航行，回到英格兰。四年后，也就是1585年，英格兰和西班牙开战了。开战之后，伊丽莎白女王便任命弗朗西斯·德雷克爵士为英格兰海军司令，命他统率英格兰海军保家卫国。不久之后，一个可怕的消息传到了英格兰——西班牙国王腓力二世已经装备好一支强大的海军舰队，准备入侵英格兰。

这个消息让英格兰举国上下陷入了恐慌之中，虽然现在的大英皇家海军称霸全球，但在伊丽莎白女王时代，西班牙才是海上霸主。西班牙拥有美洲的殖民地，拥有一支强大的"无敌舰队"。而英格兰舰队不仅船只数量少于西班牙，而且战舰多为小船，而西班牙无敌舰队中的战舰却多为大船。

第十章 西班牙无敌舰队

我们还是来看看具体的对比吧。为了这次远征,西班牙国王腓力二世准备了不下一百艘战舰,而英格兰的伊丽莎白女王只装备了四艘战舰。不过,因为弗朗西斯·德雷克爵士上次环球航行归来时带来了大量的财富,而且这次英格兰舰队的指挥官便是他,所以伦敦的很多商人自发地武装了一些船前来效力,但他们也提出了一个条件,那就是能够参与弗朗西斯·德雷克爵士发动的劫掠,并且获得劫掠所得的一部分。

弗朗西斯·德雷克爵士本就是一个勇敢无畏的人,而他之前的成功也使麾下的人信心十足。于是,在西班

英格兰军舰和西班牙无敌舰队,绘者信息不详

牙人还没有出发前，弗朗西斯·德雷克爵士便率领着部下率先偷袭了西班牙东南部的重要港口卡迪斯。那个时候，卡迪斯聚集着大量战舰，但勇敢无畏的弗朗西斯·德雷克爵士和同样勇敢的英格兰水手们，驾驶着数量不多的小型战舰，大胆地穿过一排排驻扎在港口入口处以保护港内舰队的战舰，突进港口，用炮击、火烧，摧毁港内聚集的上百艘战舰和其他船。

接着，趁着西班牙人还没有从震惊中恢复过来，弗朗西斯·德雷克爵士率领英格兰的小型战舰沿着海岸线航行，摧毁了沿途发现的所有船。随后，在进入大西洋，准备返航的时候，他们又遇到了西班牙许多从东印度返航的船。于是，他们抢劫了这些满载货物的大帆船。凯旋之后，弗朗西斯·德雷克爵士说："我们已经烧焦了西班牙国王的胡须。"

此战之后，根据之前达成的一致意见，伦敦商人分得了一部分战利品，赚得盆满钵满；另外，此战摧毁了西班牙的有生力量，为英格兰赢得了宝贵的时间；最后，因为巨大的损失，腓力二世恼羞成怒，不顾一切地开始准备下一场战争——下一场败得更加惨的战争。

1588年夏，再次准备就绪的西班牙又一次出兵了。这一次，西班牙国王腓力二世打出了"废黜伊丽莎白女王、让英格兰回到天主教怀抱"的名义。不过，在这几

英格兰的战舰不仅炮击和烧毁了西班牙大量战舰,而且还抢劫了对方的大量货物。图为当时的情形,菲利普·詹姆斯·德·卢泰尔堡(Philip James de Loutherbourg,1740—1812)绘

年里,英格兰也积极地准备着,英格兰的海军舰队取得了长足的发展。尤其是这一年的几个月里,英格兰王国已经做好了完全的准备。海军战舰养护完毕、海军士兵操练结束的同时,英格兰的贵族和商人再次掀起了支援海军的狂潮,他们有钱的出钱,有船的出船,有人的出人,有力的出力。

最后,英格兰的海军集结在了两个地方:大部分海军驻扎在普利茅斯港,另有一支分舰队驻扎在英吉利海

西班牙国王腓力二世,索福尼斯巴·安圭索拉
(Sofonisba Anguissola,1532—1625)绘

第十章 西班牙无敌舰队

峡的北端，多佛海峡附近。普利茅斯港是从英格兰海岸线通往英吉利海峡的第一大重要港口，是英格兰迎击西班牙无敌舰队的第一线；另外，因为担心神圣罗马帝国会派出一支舰队支援西班牙，从尼德兰出发，自北方袭击英格兰，所以第二支舰队便驻扎在了多佛海峡附近。

除构筑海上长城之外，伊丽莎白女王还征召了大量士兵组成了一支陆军。为了防止西班牙人登陆，伊丽莎白女王命多支部队分别驻扎在英格兰南部海岸最容易登陆的几个地点。这些士兵加起来大约有两万人。为了防止西班牙无敌舰队沿着泰晤士河逆流而上，直接逼到伦敦城下，伊丽莎白命一支大军驻扎在泰晤士河口。

在开战前，伊丽莎白女王亲自来到了这支大军位于泰晤士河北岸、河口稍上方的营地，在骑着战马巡查营地时，伊丽莎白女王穿戴得像个士兵。她身着闪闪发光的铁制盔甲、衣胄，手拿作为指挥标志的将军权杖，一位手持装饰有白色羽毛头盔的男侍则紧紧跟在她的身后，其他将军骑着战马随行。他们一行走过一个又一个队列。在检阅的时候，伊丽莎白女王以勇敢的举止、自信的微笑鼓舞着士气。

最后，伊丽莎白女王向士兵们发表了演说。她说道：

> 曾经有人说我这样出现在全副武装的民众

之中是不合适的，是危险的。还有人说你们不是常规招募的正规军，而是自发而来的志愿者，战斗力可能不行。但我要说，你们都是好样的。现在，我所站的地方，是最安全的地方。在国家危难之际，你们放下手中的一切，自发跑来保家卫国，还有比你们更勇敢的战士吗？还有比你们更忠诚的士兵吗？没有，你们才是英格兰王国最勇敢、最忠诚的士兵。你们才是英格兰王国的基石，你们才是我自信的源泉。

　　今天，我在此郑重地向你们保证，我将会与你们并肩作战，与你们一起，为英格兰王国贡献自己的一份力。我要告诉你们，我来这里巡视，就是为了与你们一同面对战争。如果腓力二世的无敌舰队真的登陆了，如果西班牙人真的杀来了，你们就会看到，我，英格兰的伊丽莎白女王，正在与你们，我最英勇的战士，并肩作战。我知道，我的身躯只是一具弱女子的身躯，但我的心是一颗女王的心。我有为我们的上帝、为我们的王国、为我的子民随时献身的觉悟。在战争中，我就在战场上，就在你们中间，和你们同生共死。

伊丽莎白为鼓舞士气在泰晤士河北岸向战士们发表演说时的情形,尼古拉·希利亚德(Nicholas Hilliard, 1547—1619)绘

伊丽莎白女王

如果西班牙的无敌舰队真的驶入了泰晤士河,如果伊丽莎白女王真的亲自面对战争的考验,她会不会真的出现在战场上呢?她是否会真的忠于她的子民呢?现在我们已经无法确切地得知这些事情了,因为她的海军司令弗朗西斯·德雷克爵士击败了西班牙无敌舰队。

某天早上,一艘小帆船驶入了普利茅斯港,上面的人来到了英格兰海军司令部,其中一个代表说道:"我们发现了西班牙的无敌舰队,正朝着英吉利海峡全速前

为纪念西班牙无敌舰队的战败,表明自己的国际影响力,伊丽莎白女王命人作此画像。画像以西班牙无敌舰队为背景,以手握地球仪的伊丽莎白女王为主体,乔治·高尔(George Gower,1540—1596)绘

进。"于是，弗朗西斯·德雷克爵士立刻下令，命港内所有战舰出港。第二天，两国的舰队便相遇了。那个时候，西班牙的无敌舰队摆出了一个巨大的月牙形阵容，缓缓地驶入英吉利海峡。无敌舰队的规模如此庞大，前后绵延长达10公里。

可是，此后的战争出乎所有人预料。西班牙的无敌舰队虽然规模庞大，但在接下来的10天里，只能在英格兰海军舰队的追击下，拖着"笨重的身子"缓慢地"逃命"。我们如果能够身临其境，便会看到，在英吉利海峡中，庞大的无敌舰队缓慢但狼狈地"奔逃"着。在无敌舰队后面，迅捷灵便、机动自如的英格兰小型战舰如同鲨鱼一般，不断用火炮攻击，时不时"咬下一块肉"。

当时，英吉利海峡的两边，每个海角上都站满了人。他们眺望着远方的战斗，听着远处隆隆的炮声。有时，他们还能看到海水冲来的碎木板。慢慢地，无敌舰队中的大型战舰或者被击沉，或者被驱逐着逃向了海岸而最终搁浅，或者被英格兰人俘获。最后，看到时机成熟之后，在一个漆黑的夜晚，弗朗西斯·德雷克爵士派出了一些火船。这些满载燃烧物的船偷偷驶入无敌舰队之中，突然点燃燃烧物，火借风势迅速蔓延。不久之后，西班牙无敌舰队便被火海笼罩了。

虽然西班牙无敌舰队的残部穿过了英吉利海峡，但在弗朗西斯·德雷克爵士率领的英格兰舰队的袭扰下，他们士气低落，已经没有能力沿着泰晤士河溯流而上，抵达伦敦城下。同时，他们又不敢掉头，因为他们被身后的敌人打怕了。最后，急于逃生的西班牙人继续往北，逃入了神圣罗马帝国的海域，绕过英格兰北部，穿过寒冷、波涛汹涌的北海，历尽千难万险，终于回到了西班牙。可是这个时候，无敌舰队已经损失过半了。

第十一章

埃塞克斯伯爵罗伯特·德弗罗

精彩看点

埃塞克斯伯爵罗伯特·德弗罗初入宫廷——伊丽莎白女王的慰藉——年轻的罗伯特·塞西尔——情夫与顾问水火不容——埃塞克斯伯爵罗伯特·德弗罗擅自行动——伊丽莎白女王对埃塞克斯伯爵罗伯特·德弗罗的感情——埃塞克斯伯爵罗伯特·德弗罗越发的专横——伊丽莎白女王的恩赐——作为护身符的戒指——爱尔兰叛乱——暴怒不已的埃塞克斯伯爵罗伯特·德弗罗——打到心里的一巴掌——收效甚微的平叛——奇特的讨好方式——任性的代价——埃塞克斯伯爵罗伯特·德弗罗患病——惊慌失措的伊丽莎白女王——埃塞克斯伯爵罗伯特·德弗罗出狱——驯服的方法——埃塞克斯伯爵罗伯特·德弗罗的叛乱计划——苏格兰国王詹姆斯六世——伊丽莎白女王的使者——叛乱爆发——明智的伦敦市民——埃塞克斯伯爵罗伯特·德弗罗投降——埃塞克斯伯爵罗伯特·德弗罗再入伦敦塔——备受煎熬的伊丽莎白女王——处决令

第十一章 埃塞克斯伯爵罗伯特·德弗罗

埃塞克斯伯爵罗伯特·德弗罗是一个才华横溢、慷慨大方、有热情、爱冲动的年轻人,他的亲生父亲是第一代埃塞克斯伯爵沃尔特·德弗罗。他的父亲去世后,他的母亲改嫁给了莱斯特伯爵罗伯特·达德利。后来,17岁的时候,作为莱斯特伯爵罗伯特·达德利的继子,他被引荐到了宫廷。伊丽莎白女王很喜欢这个高雅大气的年轻人。

后来,大约就在弗朗西斯·德雷克爵士大败西班牙无敌舰队的好消息传来一个月之后,一个对伊丽莎白女王堪称坏消息的事情发生了,莱斯特伯爵罗伯特·达德利去世了。情夫去世之后,伊丽莎白女王很伤心。就在这时,莱斯特伯爵罗伯特·达德利的继子埃塞克斯伯爵罗伯特·德弗罗安慰了她。

莱斯特伯爵罗伯特·达德利去世的时候,另一位对伊丽莎白女王极其重要的人物威廉·塞西尔爵士已经很年迈了,而他的儿子罗伯特·塞西尔在宫廷的职位和影

埃塞克斯伯爵罗伯特·德弗罗的半身像,他的继父莱斯特伯爵罗伯特·达德利是伊丽莎白女王的情夫。威廉·西格(William Segar, 1554—1633)绘

罗伯特·塞西尔半身像,他的父亲威廉·塞西尔爵士是伊丽莎白女王的重要大臣。约翰·德·克里茨(John de Critz,1551—1642)绘

响力则迅速提升。读者们应该还记得，虽然莱斯特伯爵罗伯特·达德利是伊丽莎白女王的情夫，但真正掌握大权的是威廉·塞西尔爵士。因此，我们推测，这两个人一定相当不对付，相互提防甚至嫉妒。而现在，他们的后代埃塞克斯伯爵罗伯特·德弗罗和罗伯特·塞西尔似乎也继承了他们之间的敌意。虽然这两个年轻人都叫罗伯特，但几乎所有人都知道，他们势同水火。

虽然弗朗西斯·德雷克爵士击败了西班牙无敌舰队，但英格兰和西班牙的战争还在继续。这时，埃塞克斯伯爵罗伯特·德弗罗也想积极参与其中建功立业。于是，他私自行动，驾驶着一艘战舰开到英吉利海峡和比斯开湾之间，学着弗朗西斯·德雷克爵士那样，劫掠来往的西班牙船只。因为私自出兵触犯了军规，所以回来之后，他立刻主动向伊丽莎白女王承认错误，谦卑地请求她原谅，还保证以后不会再这么干了。

虽然伊丽莎白女王野心勃勃、高傲自大、盛气凌人，但像其他女人一样，她也觉得自己有必要爱点什么。莱斯特伯爵罗伯特·达德利死后，伤心的她便把自己的感情转移到了埃塞克斯伯爵罗伯特·德弗罗身上，她很喜欢这个勇敢的年轻人——伊丽莎白女王对埃塞克斯伯爵罗伯特·德弗罗似乎有一种母亲对儿子的感情。

因此，当埃塞克斯伯爵罗伯特·德弗罗跪在她的面

第十一章 埃塞克斯伯爵罗伯特·德弗罗

前,请求她的宽恕时,她立刻原谅了他。不仅如此,她还以英格兰女王的身份给埃塞克斯伯爵罗伯特·德弗罗的上司下达了命令,允许他主动出击。不过,与此同时,她还私下里给他的上司交待务必保证他的安全。

此后的十年中,倚仗伊丽莎白女王的宠爱,埃塞克斯伯爵罗伯特·德弗罗越发的骄傲、专横,而伊丽莎白女王则像一个无限溺爱自己孩子的母亲,虽然经常被埃塞克斯伯爵罗伯特·德弗罗的行为惹恼,却不舍得惩罚他,更不去约束他。

有一次,正当埃塞克斯伯爵罗伯特·德弗罗准备去伊丽莎白女王的宫殿里求见时,他看到宫中的接待厅里正站着一个英格兰王国的大臣。接着,他看到,那个大臣的手臂上佩戴着一个黄金饰品,这是前几天伊丽莎白女王赏给他的。

于是,埃塞克斯伯爵罗伯特·德弗罗就走上去问道:"哈,你胳膊上佩戴的是什么?"

那个大臣自豪地回答道:"这是女王陛下的恩赐!"

埃塞克斯伯爵罗伯特·德弗罗则哈哈大笑,接着毫不客气地出言讽刺道:"要我看,这是女王陛下给傻瓜的赏赐。"

埃塞克斯伯爵罗伯特·德弗罗的话惹怒了这位大臣——他不允许其他人这么嘲讽自己的荣誉。于是,他向埃塞克斯伯爵罗伯特·德弗罗提出了挑战——他要和埃塞克斯伯爵罗伯特·德弗罗决斗。埃塞克斯伯爵罗伯特·德弗罗正求之不得。于是，他们在一个庄园里展开了一场决斗。最后，埃塞克斯伯爵罗伯特·德弗罗不敌落败，还在决斗中受了伤。

得知此事后，最开始的时候，伊丽莎白女王很担心埃塞克斯伯爵罗伯特·德弗罗的伤势，但当得知他的伤势不严重时，她又开始"幸灾乐祸"了。在饶有兴趣地了解完整个事情的所有细节之后，伊丽莎白女王说道："年轻人啊，总是这么骄傲。不吃点亏，他们是不会长大的，不吃点亏，他们总是难当大任。"

虽然埃塞克斯伯爵罗伯特·德弗罗经常惹伊丽莎白女王生气，但伊丽莎白女王对他的宠爱依然占据着上风。后来，伊丽莎白女王专门给了他一枚戒指作为护身符，她向埃塞克斯伯爵罗伯特·德弗罗承诺道："无论何时，只要你身处险境，你便可以派人把这枚戒指送到我手里。见到这枚戒指后，无论如何，我都会救你的。"接过那枚戒指后，埃塞克斯伯爵罗伯特·德弗罗小心翼翼地保存了起来。

虽然伊丽莎白女王和埃塞克斯伯爵罗伯特·德弗罗之间矛盾不断，但那些多是小矛盾，他们之间几乎没有发生过什么大的争吵。可是，有一次，因为爱尔兰的叛乱，

第十一章 埃塞克斯伯爵罗伯特·德弗罗

他们有了第一次激烈的争执。当时,为了报复英格兰,西班牙人煽动爱尔兰人发动叛乱,反对英格兰的统治。为了维护统一,英格兰立刻出兵爱尔兰,准备武力镇压叛乱。就在这时,埃塞克斯伯爵罗伯特·德弗罗想推荐他的一个朋友担任这支军队的指挥官,不过伊丽莎白女王另有安排。

后来,虽然埃塞克斯伯爵罗伯特·德弗罗说了很多好话,但伊丽莎白女王依然不为所动。终于,埃塞克斯伯爵罗伯特·德弗罗这个心浮气躁的年轻人爆发了。生气之后,他开始用轻蔑的语气说话。听到这种口气之后,伊丽莎白女王也爆发了。她快速走到埃塞克斯伯爵罗伯特·德弗罗面前,狠狠地扇了他一个重重的耳光,之后,满眼怒火的她还对着埃塞克斯伯爵罗伯特·德弗罗吼道:"滚出去!"

被扇耳光后,暴怒不已的埃塞克斯伯爵罗伯特·德弗罗立刻站了起来。当时,他的手紧紧握着剑柄。见此情景,他旁边的人立刻抱住了他,夺下了他身上的佩剑。之后,埃塞克斯伯爵罗伯特·德弗罗挣开了那些人,大步离开了现场。走之前,他说道:"我不能忍受这样的侮辱,也不愿意忍受这样的侮辱,即使亨利七世也不能这样侮辱我。"要知道,亨利七世可是这个王朝的开国君主,是高贵的象征和化身。

事后，埃塞克斯伯爵罗伯特·德弗罗的朋友们一边努力安慰、开导他，让他平静，一边努力劝说他，希望他能够向伊丽莎白女王道歉，寻求她的原谅。他们说："无论你有理还是无理，无论你是对是错，你都应该道歉。你如果是错的，就是向正确低头；你即使是对的，面对女王陛下的时候，也要屈从。"

埃塞克斯伯爵罗伯特·德弗罗虽然也明白这些，但就是做不到。他说道："你们不知道，我们的伊丽莎白女王陛下就是一个冷酷无情的老女人，我已经受够她了。在此之前，我就经常受到这种不公正的，甚至残酷的待遇。我很清楚，作为英格兰的伯爵，我应该向女王效忠。但我不是她伊丽莎白的仆人，我是英格兰的贵族。她扇我那一巴掌，让我觉得，在她心里，我就像一个最卑微的仆人。她那一巴掌不仅打在我的脸上，更打在我的心里。现在，我的心在滴血，我身体的每个部位都很痛。"

虽然他们的矛盾没有完全消除——实际上，发生了这样的事情之后，两人已经很难回到当初的状态了，但埃塞克斯伯爵罗伯特·德弗罗还是向伊丽莎白女王道了歉，而伊丽莎白女王也原谅了他。之后，又过了一年，伊丽莎白女王任命埃塞克斯伯爵罗伯特·德弗罗为爱尔兰总督，命他前往爱尔兰平叛。

赶到爱尔兰后，虽然埃塞克斯伯爵罗伯特·德弗罗

第十一章 埃塞克斯伯爵罗伯特·德弗罗

调兵遣将，以极大的热情投入到了平叛工作，但不知为何，平叛的效果并不好。不过就在这时，叛军的头领蒂龙想和谈了。为了安全起见，蒂龙和埃塞克斯伯爵来到了一条小河边，在河的两岸展开了一场谈判。不过，谈判依然没有取得什么效果。最后，伊丽莎白女王也有点不耐烦了。为此，她给埃塞克斯伯爵罗伯特·德弗罗写了一封信，并在信中表达了自己的不满。

接到伊丽莎白女王的信件之后，埃塞克斯伯爵罗伯特·德弗罗即刻产生了亲自回英格兰的想法，他想以这种方式讨好她。说干就干，于是，这位爱尔兰总督，在没有命令、未经许可的情况下擅离职守，抛下了自己的军队，跑回了英格兰。来到伊丽莎白女王的宫殿后，埃塞克斯伯爵罗伯特·德弗罗不顾一路奔波的疲惫，也不管自身的狼狈，更忽视了其他人的阻拦，强行"冲"到了伊丽莎白女王的面前。之后，他直接跪在她面前，亲吻她的手，以这种方式表达他的敬意。

虽然埃塞克斯伯爵罗伯特·德弗罗的突然出现令伊丽莎白女王大为震惊，但她还是亲切地接待了他，或者说，埃塞克斯伯爵罗伯特·德弗罗认为伊丽莎白女王亲切地接待了他。简单地交谈了几句之后，伊丽莎白女王便让埃塞克斯伯爵罗伯特·德弗罗离开了。离开宫殿的时候，埃塞克斯伯爵罗伯特·德弗罗还在沾沾自喜呢。

他觉得自己赌对了。可是很不幸，他赌错了。当天，伊丽莎白女王便下达了逮捕埃塞克斯伯爵罗伯特·德弗罗的命令，把他送进了伦敦塔，禁止任何人探望他。最终，埃塞克斯伯爵罗伯特·德弗罗不得不为自己的任性付出沉重的代价。

在伦敦塔里，埃塞克斯伯爵罗伯特·德弗罗终于意识到自己的行为是多么荒唐了。可是，即便如此，他依然不愿意承认自己的错误。与此同时，伊丽莎白女王则希望他低头，只要他低头了，她就会把他放出来。见埃塞克斯伯爵罗伯特·德弗罗迟迟不肯低头后，伊丽莎白女王命人隐晦地告诉他，如果他能求饶，伊丽莎白女王会立刻把他放出来。不仅如此，伊丽莎白女王还会让他官复原职。可是，骄傲固执的埃塞克斯伯爵罗伯特·德弗罗就是不肯退让。在这种情况下，伊丽莎白女王便不断向他试压。压力越重，埃塞克斯伯爵罗伯特·德弗罗越不想屈服。不仅如此，随着压力的增大，他对伊丽莎白女王的情感也逐渐发生了变化。

后来，有人向伊丽莎白女王汇报说："埃塞克斯伯爵罗伯特·德弗罗患病了，很严重。"一瞬间，伊丽莎白女王便有点慌了，于是，她立刻派出了八位医生，命他们前去治疗埃塞克斯伯爵罗伯特·德弗罗。与此同时，她还让人做了一些肉汤，命其中一个医生给埃塞克斯伯

第十一章 埃塞克斯伯爵罗伯特·德弗罗

爵带去。另外,伊丽莎白女王也做了另外一件事,即派人告诉埃塞克斯伯爵罗伯特·德弗罗,如果条件允许,

当时的伊丽莎白女王半身像,马库斯·杰勒德
(Marcus Gerards,1561—1536)绘

伊丽莎白女王早就去看他了,但现在的条件不允许身为英格兰女王的她这么做。

最后,虽然调查、审理埃塞克斯伯爵罗伯特·德弗罗一案的人判定他有罪,但伊丽莎白女王还是特赦了他。特赦,再加上之前的情况,他们的关系似乎能够恢复如初了。可是,接下来的那段时间里,伊丽莎白女王并没有表现出足够的宽宏大量。塞克斯伯爵罗伯特·德弗罗出狱之后,伊丽莎白女王经常以胜利者的姿态嘲弄他。而且她没有恢复埃塞克斯伯爵罗伯特·德弗罗之前的官职。当然,也有人认为是埃塞克斯伯爵罗伯特·德弗罗不想官复原职,据说,此事之后,他曾对伊丽莎白女王说:"我想过一些自由的生活。"

然而,他的这个想法不过是个奢望罢了,因为他的经济来源还掌握在伊丽莎白女王的手里。说到这里,我便不得不提一下当时的专卖权制度了。国王或者女王如果想让一个人快速地积累财富,便会授予某个人垄断销售某种商品的权力。有了专卖权之后,他可以独自垄断经营某种商品,也可以把经营权下放给其他人,然后从中收取一定的利润。在此之前,伊丽莎白女王曾把葡萄酒专卖权授予埃塞克斯伯爵罗伯特·德弗罗,而他也从中赚取了大量的金钱——他大部分的收入都来自葡萄酒专卖权。不过,专卖权是有期限的,而埃塞克斯伯爵罗

第十一章 埃塞克斯伯爵罗伯特·德弗罗

伯特·德弗罗的葡萄酒专卖权马上就要到期了。

为了独立、自由地生活，为了自己的收入，埃塞克斯伯爵罗伯特·德弗罗希望伊丽莎白女王能够继续授予葡萄酒专卖权。但伊丽莎白女王不想简单地遂了他的意，她说："埃塞克斯伯爵罗伯特·德弗罗就是一个难以驾驭的畜生，我不得不通过限制食物的投放来控制他，直至驯服他。"

被伊丽莎白女王无情地拒绝后，埃塞克斯伯爵罗伯特·德弗罗彻底爆发了。他肆无忌惮地对周围的人说道："伊丽莎白女王就是一个堕落、顽固的老女人，她的心灵和她的身体一样丑陋。"因为专宠与跋扈，埃塞克斯伯爵罗伯特·德弗罗有很多政敌。因此，那些人便把他的这些话收集起来，并一字不差地汇报给了伊丽莎白女王。听完这些话之后，伊丽莎白女王也很愤怒。因此，她对埃塞克斯伯爵罗伯特·德弗罗的限制便更加多了。

最后，几乎陷入疯狂的埃塞克斯伯爵罗伯特·德弗罗准备背叛伊丽莎白女王。他开始考虑如何削弱伊丽莎白女王的权力。为了再次获得权力，他决定拥戴苏格兰国王詹姆斯六世（也就是后来的英格兰国王詹姆斯一世）。他知道，根据血缘关系，苏格兰国王詹姆斯六世拥有英格兰王位的优先继承权，可是，因为恐惧死亡，伊丽莎白女王不愿意考虑王位继承人的问题。而他要做的，就是串通苏格兰国王詹姆斯六世，率领着他的军队占领伦敦，控制住伊丽莎白女王，强迫她承认苏格兰国王詹姆斯六世的继承权。

为了谋划叛乱，埃塞克斯伯爵罗伯特·德弗罗利用自己的影响力调动了大量的资源，组织了大量人手，同时与苏格兰、法兰西、西班牙等国取得了联系。其实，在他发动叛乱前，伊丽莎白女王便模模糊糊地听到了一些信息。于是，她便命一个人传召埃塞克斯伯爵罗伯特·德弗罗。听到伊丽莎白女王的传召后，埃塞克斯伯爵罗伯特·德弗罗的同谋们都觉得秘密已经泄露了。有些人劝他放弃叛乱计划，有些人劝他赶快逃跑，但依然有些人劝他发动叛乱。最后，埃塞克斯伯爵罗伯特·德弗罗说："我宁愿光荣地死在伟大事业的路上，也不会在四处逃亡中苟活。"

于是，他们扣押了伊丽莎白女王的人，立刻召集起了人手，大喊着："为了女王！为了英格兰！"迅速冲上了伦敦街头，发动了叛乱。埃塞克斯伯爵罗伯特·德弗罗喊出"为了女王"的口号，并不是真的为了伊丽莎白女王，而是打算迷惑伦敦市民，让他们以为自己发动叛乱的目的是为伊丽莎白女王好。

不过很明显，伦敦市民并不傻，没有被埃塞克斯伯爵罗伯特·德弗罗这种口号迷惑。当埃塞克斯伯爵罗伯

第十一章 埃塞克斯伯爵罗伯特·德弗罗

特·德弗罗带人入城之后,伊丽莎白女王的政府也开始行动了:首先,关闭了伦敦城的大门,断绝了叛军的后路;然后,伊丽莎白女王的一位国务大臣率领着一支军队出现了;接着,那个大臣开始宣读女王的命令,并号召伦敦市民帮助平乱。为了阻止大臣继续说话,埃塞克斯伯爵罗伯特·德弗罗一方的一个人朝着大臣开了一枪,但为时已晚,听到政府的发言之后,伦敦市民立刻行动了起来,大部分叛军都被控制了起来。很明显,比起埃塞克斯伯爵罗伯特·德弗罗一方的叛军,伦敦市民更愿意相信伊丽莎白女王的政府。

最后,那位大臣回到了伊丽莎白女王身边,并汇报道:"一切如常,叛乱即将被镇压。"与此同时,埃塞克斯伯爵罗伯特·德弗罗一行艰难地前进着,因为伦敦市民的围追堵截,越来越多的人离开了队伍自行逃命。最后,当天下午14时,埃塞克斯伯爵罗伯特·德弗罗和身边少数几个追随者逃到了泰晤士河边,乘上了一艘小船,溯流而上,在威斯敏斯特上岸,退回了埃塞克斯伯爵罗伯特·德弗罗的庄园。不久之后,这些苟延残喘的叛乱者便被包围了。僵持了一两天之后,埃塞克斯伯爵罗伯特·德弗罗投降了。

叛乱以失败告终后,埃塞克斯伯爵罗伯特·德弗罗再次被关进了伦敦塔。再次进入伦敦塔后,埃塞克斯伯爵罗伯特·德弗罗心如死灰。他知道，他犯下了不可饶恕的大罪，他险些破坏了英格兰王国的安定。同时，在死亡的恐惧面前，他又担惊受怕，夜不能寐。每次睡下，他都会梦到断头台与刽子手。

与此同时，宫殿里的伊丽莎白女王也备受煎熬：一方面，她既怨恨埃塞克斯伯爵罗伯特·德弗罗背叛了她，另一方面，她内心深处又不愿意处死埃塞克斯伯爵罗伯特·德弗罗。这个时候，如果埃塞克斯伯爵罗伯特·德弗罗求饶，如果他送来伊丽莎白女王之前送给他的戒指，伊丽莎白女王一定会免除他的死刑。可是戒指一直没有出现在伊丽莎白女王面前。

因为证据确凿，所以伊丽莎白女王的大臣们请求她签署处决埃塞克斯伯爵罗伯特·德弗罗的处决令。他们说："尊敬的女王陛下，不处决埃塞克斯伯爵罗伯特·德弗罗便不足以维护英格兰王国法律的公正。另外，女王陛下，您不知道，埃塞克斯伯爵罗伯特·德弗罗已经心如死灰了，他说自己生不如死，只求一死。即便您特赦了他，对他也没什么好处，对英格兰更没什么好处。"最终，一直未能等到戒指的伊丽莎白女王痛苦地签署了处决令。

第十二章

伊丽莎白女王晚境凄凉

精彩看点

伤心的伊丽莎白女王——坚强的伊丽莎白女王——接待法兰西大使——伊丽莎白女王心神不宁——警告与恳求——联合势力——处决令——最后一根稻草——诺丁汉伯爵夫人的请求——戒指背后的故事——一发不可收拾的强烈痛苦——伊丽莎白女王的预感——每况愈下的身体——在里士满的生活——奇怪的命令——戒指的象征——离去的人——詹姆斯六世——继承人问题——最后的祈祷——伊丽莎白女王驾崩——英格兰议会的宣布——急切地赶往苏格兰的人——历史悠久的威斯敏斯特教堂——君主的陵寝——权贵的荣誉——伊丽莎白女王的纪念碑

第十二章 伊丽莎白女王晚境凄凉

埃塞克斯伯爵罗伯特·德弗罗被处决后，伊丽莎白女王伤心不已。不过，我们都知道，她是一个坚强的女人。所以，她开始尝试着去忘记埃塞克斯伯爵罗伯特·德弗罗，开始尝试着恢复到以前的精神状态。因此，埃塞克斯伯爵罗伯特·德弗罗死后的某段时间里，伊丽莎白女王如往常一样外出打猎、参加宴会。这时，英格兰和西班牙的战争还在继续，如前所述，伊丽莎白女王在此投注了极大的心血，尤其在埃塞克斯伯爵罗伯特·德弗罗死后，伊丽莎白女王更是全身心地扑在了这上面。

后来，为了接待法兰西大使，她更是自掏腰包，为大使举行了盛大的欢迎仪式，带着他走遍了英格兰的每一处胜地，极尽奢华地款待了大使好多天。为了款待这位大使，她甚至专门命人从自己生活的宫殿里取来了王室专用的餐具和家具。之后，她还计划与法王会面，并最终在多佛完成了会面。

然而，结果表明，无论伊丽莎白女王怎么努力，她都很难忘记埃塞克斯伯爵罗伯特·德弗罗，会时不时地想起他。读者们应该还记得，在爱尔兰平叛的时候，埃塞克斯伯爵曾经隔着河与叛军的头领蒂龙谈判过，当时，有一个叫哈林顿的官员也在场。后来，因为西班牙的援助，爱尔兰的叛乱依然没有被平定。某一天，因为爱尔兰的战事，伊丽莎白女王接见了哈林顿。了解了爱尔兰的战事之后，伊丽莎白女王开口问道："你见过叛军首领蒂龙吗？"哈林顿说见过。然后伊丽莎白女王瞬间便明白他是在什么时候、什么情况下见过蒂龙了。伊丽莎白女王突然流下了眼泪，她哽咽着说道："哦，我想起来了，你以前见过他！"

而每次想起埃塞克斯伯爵罗伯特·德弗罗，伊丽莎白女王都会变得心情沉重，时间的流逝并没有带走或减轻伊丽莎白女王的痛苦。的确，对年轻人来说，无论遭遇了多么难以治愈的痛苦，无论内心的烦乱是多么的难以控制，时间都会治愈、平息。但对老年人来说，当他们的心灵遭遇重创时，他们已经很难再恢复到曾经轻松的心情了，他们不知所措、痛苦虚弱，只有死亡才能使他们解脱。

有一次，在接见法兰西大使的时候，伊丽莎白女王说道："唉，我都有点厌倦现在的生活了，每次想到埃

第十二章 伊丽莎白女王晚境凄凉

塞克斯伯爵罗伯特·德弗罗,我都痛苦不已,叹息良久,不知不觉中便泪流满面。他在世的时候,我总是因他而心神不宁。我了解他,他是个有野心、有能力的人,但太急躁了。当时,我特别担心将来的某一天,他会突然想不开,做出什么无法挽回的事情,最终害了自己。我严厉地警告过他,也诚挚地恳求过他,让他不要卷入什么阴谋之中。而且我也明确说了,如果他真的做了什么对不起英格兰、对不起我的事情,那么,我也救不了他。到时候,英格兰的法律会做出判决。可是,我的警告、恳求还是没能让他回头。"

我想,伊丽莎白女王一定也模糊地意识到,在埃塞克斯伯爵罗伯特·德弗罗之死中,她需要负一定的责任。正是她最初的宠溺与后来的冷落,才把他逼上了反叛的道路。出事之后,埃塞克斯伯爵罗伯特·德弗罗的势力几乎被一网打尽,之前反对他的人开始掌握权力。审判期间,英格兰的法官、朝廷中的大臣、她的私人顾问、统率军队的将军联合了起来,共同请求她签署埃塞克斯伯爵罗伯特·德弗罗的处决令。虽然她签署了那份处决令,但不久之后,悲伤、痛苦到难以自持的她便立刻召回了它。可是最后,在各种压力之下,她还是再次签署了处决令,"亲手"把他送上了断头台。

1602年年底发生的一件事似乎成了压垮伊丽莎白女

王的最后一根稻草。当时，诺丁汉伯爵夫人凯瑟琳·凯里病重，似乎将不久于人世。就在这时，她派人来求见伊丽莎白女王，请求女王陛下去探望她一下。那个人说诺丁汉伯爵夫人凯瑟琳·凯里有重要的事情要禀报给女王陛下。于是，伊丽莎白女王便立刻摆驾去探望了她。

来到诺丁汉伯爵夫人凯瑟琳·凯里的床边后，诺丁汉伯爵夫人立刻把一枚戒指递给了伊丽莎白女王。伊丽莎白女王立刻认出来了，这是她送给埃塞克斯伯爵罗伯特·德弗罗的戒指。她曾承诺过，无论何时，只要他身处险境，他便可以派人送来戒指，而见到这戒指后，无论如何，她都会救他。可以说，这枚戒指就是她保护埃塞克斯伯爵罗伯特·德弗罗的特殊誓约。

见到戒指后，伊丽莎白女王先是震惊了一会儿，接着便急切地问道："你是从哪儿得到这枚戒指的？"

诺丁汉伯爵夫人凯瑟琳·凯里说道："尊敬的女王陛下，这是埃塞克斯伯爵罗伯特·德弗罗被囚伦敦塔时交给我的。被定罪之后，他便恳求我把这枚戒指交给您，请您饶恕他，救救他。本来我打算按照约定把这枚戒指交给您，但我的丈夫不让我这样做。您也知道，他是埃塞克斯伯爵罗伯特·德弗罗的政敌。结果，因为我没有按照约定把戒指送到您的手里，埃塞克斯伯爵罗伯特·德弗罗被送上了断头台。而且恐怕他在死之前特别失望。

第十二章 伊丽莎白女王晚境凄凉

他应该觉得,我把戒指交给您之后,您还是签署了处决他的处决令。这一切都是我的错,如果不在死前向您坦白这件事,我就是死也无法安心的。"

听完这些话,悲愤莫名的伊丽莎白女王,对着行将就木的诺丁汉伯爵夫人凯瑟琳·凯里说出了最尖锐刻薄的话语:"即使他能够原谅你,我也永远不会原谅你!"

汉诺丁伯爵夫人凯瑟琳·凯里,罗伯特·皮克(Robert Peake,1551—1619)绘

伊丽莎白女王

没过多久，无法抑制的悲伤便取代了伊丽莎白女王对诺丁汉伯爵夫人凯瑟琳·凯里的恨。睹物思人，见到戒指后，伊丽莎白女王再次想起了一直无法忘怀的埃塞克斯伯爵罗伯特·德弗罗，而且这次悲痛如此强烈，如此一发不可收拾。她想象着埃塞克斯伯爵罗伯特·德弗罗在伦敦塔里无助的样子，想象着他日复一日地、痛苦而焦虑地等待着她，等待着她履行当时庄严承诺的样子，想象着他最后绝望地被送上断头台时的场景。这些痛苦不断刺激着伊丽莎白女王。最后，她让仆人们打扫了宫殿的最深处——宫殿最隐蔽的地方，把一些垫子铺在地板上。之后，伊丽莎白女王便拒绝进食，整日躺在垫子上，任由头发变得凌乱。心中的痛苦是最伤身体的，不久之后，伊丽莎白女王的健康便出了问题。

1603年1月，伊丽莎白女王觉得自己的生命即将走到尽头，于是决定离开威斯敏斯特，搬到里士满去。在里士满，伊丽莎白女王日常居住的房间连着议事室，这样一来，她处理政务、做礼拜就能方便一些。聆听祷告的时候，伊丽莎白女王觉得自己已经完成了上帝交给自己的使命，没有白来这个世界一遭。每当这个时候，她总能从上帝那里得到慰籍。这时，她心中的痛苦也会有所缓解、减轻。

因为伊丽莎白女王搬往里士满的决定太过仓促，所

第十二章 伊丽莎白女王晚境凄凉

以其实是在狂风暴雨中,顶着一月的严寒搬过去的。因为路上的颠簸,搬到里士满后,伊丽莎白女王的身体更加糟糕了。在里士满,伊丽莎白女王依然拒绝上床,依

伊丽莎白女王垂危之际的一幅画像,画像中两个丘比特手捧王冠,女王左侧靠着生命之神,右侧靠着死亡之神,绘者信息不详

然整天躺在垫子上。这次,垫子被放在了接近门口的地板上。到了祷告时间,伊丽莎白女王便命人拉开房门,她就躺在那里,聆听着外面牧师们诵读祷告词的声音。

一天,伊丽莎白女王突然下达了一个很奇怪的命令,她命身边的人取下自己手上的那枚戒指。读者们应该还记得,这是她在登基的时候带上的,她把登基成为英格兰国王视为嫁给英格兰王国、嫁给英格兰人民。因为这枚戒指已经戴了45年,戒指周围的肌肉已经肿胀了,所以她的仆人没办法取下戒指。最后,他们不得不借助工具直接毁掉那枚戒指,整个过程沉默而庄严。无论是对伊丽莎白女王本人,还是对英格兰人民来说,这枚戒

里士满宫是伊丽莎白女王生前居住的最后一处宫殿,图为里士满宫的一幅雕版画,詹姆斯·巴西尔(James Basire,1730—1802)绘

第十二章 伊丽莎白女王晚境凄凉

指都是团结的象征，可是现在，戒指断了，戒指曾经承载的誓约，也将随着伊丽莎白女王离去。

伊丽莎白女王的身体越来越差，她身边的人觉得她随时有可能驾崩。有了这种感觉之后，跟随她多年的勋贵和政客们一个接一个地离她而去，一个接一个地悄悄离开伦敦，急切地赶到苏格兰，准备在伊丽莎白女王驾崩后的第一时间向现在的苏格兰国王，英格兰王位的继承人詹姆斯六世（在英格兰则称为詹姆斯一世）致敬。

1603 年 3 月 23 日，垂危的伊丽莎白女王已经不能说话了。那天下午，她趁着比较清醒的时机，用手势召来了身边的人——那些还没有离开她、前往苏格兰的人。他们明白了女王的意思。于是，他们中的代表问她希望谁来继承英格兰王位。因为伊丽莎白女王已经不能说话了，那个代表便一个接一个地报出继承人选的名字。当他说出苏格兰国王詹姆斯六世的时候，伊丽莎白女王做了一个同意的手势。于是，他们便明白她的意思了。之后，他们便离开了。

当天 18 时，伊丽莎白女王示意身边的侍女请大主教和她的牧师来。之后，她又示意请大主教开始祈祷。年老的大主教跪着祷告了很长时间。在结束祈祷的时候，他说愿上帝赐福于女王。可是，就在大主教准备起身的时候，伊丽莎白女王做了个手势，不明所以的大主教把

伊丽莎白女王

目光投向伊丽莎白女王身边的侍女。那个侍女说女王陛下希望他继续祈祷。大主教虽然已经十分疲惫了，但还是继续祷告了半小时。正当他再次准备结束祷告时，伊丽莎白女王再次以手势示意继续。想到他的祷告给了女王陛下极大的安慰后，大主教以更大的热情为伊丽莎白女王祈祷了很长时间。这次的祈祷持续的时间是如此之长，以至伊丽莎白女王身边的人一个接一个地悄悄离去了。最后，祈祷完毕之后，大主教也悄悄地离开了。这一下子，伊丽莎白女王身边只剩下她的侍女和护士了。接下来的几个小时里，她们一直陪在伊丽莎白女王身边，还不时地测一测她的脉搏、呼吸。最后，午夜时分，那里传出了伊丽莎白女王驾崩的消息。

得知伊丽莎白女王驾崩后，英格兰议会召开会议，宣布苏格兰国王詹姆斯六世为新的英格兰国王。这一下子，英格兰通往苏格兰的马路上立刻挤满了人。这些人或独自一人、或成群结队，不过无一例外都快马加鞭地往苏格兰赶去。与此同时，在英格兰前往苏格兰的海路上，一些人迫不及待地扬帆疾驰。这些渴望权势的野心家们都希望能够先一步来到苏格兰国王詹姆斯六世面前，向他表达敬意，以期获得他的青睐。

而刚刚驾崩的伊丽莎白女王则躺在那里，被他们忽略、忘记。这些渴望权力的人只对她的权力感兴趣，一

英格兰国王詹姆斯一世是伊丽莎白女王的继承人，在此之前，他还是苏格兰国王詹姆斯六世，图为他的画像，约翰·德·克里茨（John de Critz，1551—1642）绘

伊丽莎白女王

旦她驾崩了，一旦她的权力消失了，他们才不会为她哀悼、恸哭。

驾崩之后，伊丽莎白女王的遗体被送到了威斯敏斯特教堂安葬。威斯敏斯特教堂已经有1200年到1500年的历史了，是英格兰最古老的地方之一。更确切地说，它不是一栋建筑，也不是一组建筑群，而是如国家、王

威斯敏斯特教堂中伊丽莎白女王的墓碑，摄者信息不详

第十二章 伊丽莎白女王晚境凄凉

朝一般世代相传的建筑群。最早的时候，这个地方是人们献祭的场所。我们如果认真追溯，可以把这段历史时期的上限追溯到公元前。依靠书面记载的史料，我们可以追溯到一千多年前。

从古至今，威斯敏斯特教堂都是英格兰国王的陵寝，他们的纪念碑和雕像以变化无穷的方式装饰着墙面和甬道。另外，英格兰的政治家、将军及海军英雄也获得了入葬威斯敏斯特教堂的荣誉。他们的遗体被安置在威斯敏斯特教堂的大理石地板下面。

除此之外，虽然这个教堂主要用于埋葬那些权贵们的骸骨，但权贵们愿意为杰出的思想者们屈就、降尊，

威斯敏斯特教堂旧址，托马斯·马尔顿
（Thomas Malton，1748—1804）绘

因此，威斯敏斯特教堂专门为文学奇才们留出了一块地方。现在，这里埋葬着约翰·弥尔顿、约瑟夫·艾迪生和威廉·莎士比亚等文学巨匠。

在欧洲的表达中，礼拜堂一词意味着她与主教堂相连，伊丽莎白女王的遗体就被埋葬在了威斯敏斯特教堂中的亨利七世礼拜堂。现在，那里还矗立着伊丽莎白女王的纪念碑。

附录
专有名词英汉对照

King Henry VII	亨利七世
King Henry VIII	亨利八世
Queen Mary	玛丽女王
Queen Elizabeth	伊丽莎白女王
King Edward VI	爱德华六世
Catharine of Aragon	阿拉贡的凯瑟琳
Anne Boleyn	安妮·博林
Arthur	阿瑟
Jane Seymour	珍妮·西摩
Wales	威尔士
Reformation	宗教改革
Church of England	英格兰教会
Greenwich	格林尼治
Canterbury	坎特伯雷
Thomas Cranmer	托马斯·克兰默
Tower of London	伦敦塔
Thames	泰晤士河

Lady Bryan	布莱恩夫人
Hunsdon	汉斯顿
Lord Shelton	谢尔顿勋爵
Duke of Somerset	萨默塞特公爵
Thomas Seymour	托马斯·西摩
Catherine Parr	凯瑟琳·帕尔
Chelsea	切尔西
Hanworth	汉沃斯
Mrs. Ashley	艾希莉女士
Parry	帕里
Jane Grey	珍妮·格雷
Tyrwhitt	蒂里特夫人
Marquis of Dorset	多塞特侯爵
Marchioness of Dorset	多塞特侯爵夫人
Dorset	多塞特郡
Broadgate	布劳德盖特
Leicestershire	莱斯特郡
John Aylmer	约翰·艾尔默
Roger Ascham	罗杰·阿斯卡姆
Earl of Northumberland	诺森伯兰伯爵
John Dudley	约翰·达德利
Anne of Cleves	克利夫斯的安妮
Catharine Howard	凯瑟琳·霍华德
Margaret	玛格丽特
James IV of Scotland	苏格兰国王詹姆斯四世

Earl of Angus	安格斯伯爵
James V of Scotland	苏格兰国王詹姆斯五世
Margaret Douglas	玛格丽特·道格拉斯
Earl of Lenox	雷诺克斯伯爵
Lord Darnley	达恩利勋爵
Duke of Suffolk	萨福克公爵
Charles Brandon	查理·布兰登
Eleanor	埃莉诺
Suffolk	萨福克郡
Framlingham	弗拉姆灵厄姆
Charles V	查理五世
Madrid	马德里
Flanders	佛兰德斯
Brussels	布鲁塞尔
Stephen Gardiner	斯蒂芬·加德纳
Thomas Wyatt	托马斯·怀亚特
Westminster	威斯敏斯特
Guildhall	市政厅
Bay of Biscay	比斯开湾
Southampton	南安普顿
Windsor Castle	温莎城堡
Hampton Court	汉普顿宫
Woodstock	伍德斯托克
Whitehall	白厅
Thomas Beddingfield	托马斯·白丁菲尔丁

Ashridge	阿什里奇
Duke of Savoy	萨沃伊公爵
Hatfield	哈特菲尔德
Hertfordshire	赫特福德郡
Bloody Mary	血腥玛丽
Calais	加莱
Dover	多佛
Great Cross at Cheapside	齐普赛街大十字
William Cecil	威廉·塞西尔
Fleet Street	弗利特街
Kenilworth	凯尼尔沃思
Holyrood	利斯
Loch Leven	霍利鲁德
Richmond	利文湖
Leith	里士满
Firth of Forth	福斯湾
Edinburgh	爱丁堡
Treaty of Edinburgh	《爱丁堡条约》
Earl of Leicester	莱斯特伯爵
Robert Dudley	罗伯特·达德利
Duke of Anjou	安茹公爵
Catharine de Medici	凯瑟琳·德·美第奇
Duke of Alençon	阿朗松公爵
Simier	斯米尔
Bowyer	鲍耶

Francis Drake	弗朗西斯·德雷克
Heneage	赫尼奇
Thomas Doughty	托马斯·道蒂
Straits of Magellan	麦哲伦海峡
Cape of Good Hope	好望角
Spanish armada	无敌舰队
Cadiz	卡迪斯
Mediterranean Sea	地中海
Plymouth	普利茅斯
English Channel	英吉利海峡
Straits of Dover	多佛海峡
Earl of Essex	埃塞克斯伯爵
Robert Devereux	罗伯特·德弗罗
Robert Cecil	罗伯特·塞西尔
Tyrone	蒂龙
Harrington	哈林顿
Countess of Nottingham	诺丁汉伯爵夫人
Catherine Carey	凯瑟琳·凯里
Westminster Abbey	威斯敏斯特教堂
Milton	弥尔顿
Joseph Addison	约瑟夫·艾迪生
Shakespeare	莎士比亚